Stricken macht Spaß!

Lolas Strick-Kurs für Kinder

Inhaltsverzeichnis

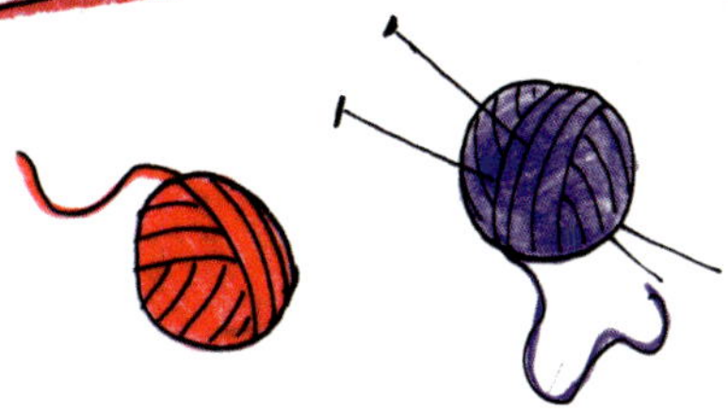

Vorlied

Links zwo drei vier
Schal und
Pudel - mütze
flinke Ma
Das kannst Du auch!
Leg einfach

e die hat Lola selbstgestrickt
Mensch, die Lola ist geschickt!
Stricken macht Spaaaaaaaß!

Ich bin Lola

Ich bin Lola. Um es gleich ehrlich zu sagen: eigentlich Carola – aber ich krieg die Krise, wenn mich irgendjemand so nennt. Leider muss ich zugeben, dass ich ziemlich schnell „die Krise“ kriege, also in die Luft gehe, explodiere und so. Zum Beispiel dann, wenn mich jemand wegen meiner roten Haare ärgert oder, noch schlimmer, meinen Handarbeitstick auf die Schippe nimmt.

Handarbeit – das ist mein Leben!

Ehrlich. Ich liiiebe Stricken. Punkt. Ihr glaubt mir nicht? Ich sehe gar nicht aus wie eine Stricktante? Genauso dumm wurde ich schon oft angequatscht, die Jungs in meiner Klasse – und erst die Mädels! Sprüche ohne Ende – aber keine Ahnung von gar nix! Die haben sich schon in der zweiten Klasse fast die Finger gebrochen, als wir gehäkelt haben und ihre Strickarbeiten sahen aus wie zerkautes Hundespielzeug.

Du hast es sicher schon geahnt: Der reine Neid spricht aus ihren dummen Sprüchen. Wahrscheinlich hätten sie auch gerne eine Mütze, die sie ganz allein gestrickt haben und nicht eine aus dem Kaffeegeschäft, die in unserer Schule mindestens 28 andere Kinder auf dem Kopf tragen. Pech für sie.

Dabei ist Stricken gar nicht so schwer. Geduld braucht man schon (aber selbst ich habe es geschafft, durchzuhalten, wo ich angeblich doch sooo hibbelig bin, sagt Mama).

Oma Kruse

Man braucht auch jemand, der einem ein bisschen unter die Arme greifen kann – im wahrsten Sinne des Wortes. Denn manchmal kommt man einfach nicht klar mit der Strickerei. Ich habe zum Glück Oma Kruse! Das ist zwar nicht meine richtige Oma, sondern eine Nachbarin, deren Dackel immer durchdreht, wenn man klingelt. Am besten schaust du dich mal in deiner Umgebung um, wer überhaupt stricken kann und mag. Pass mal auf, welche Antworten du auf die Frage bekommst: „Kannst du eigentlich stricken?“ Mama: „Äh, na ja, also früher mal ...“ oder Frau Siebert von nebenan: „Um Himmels willen, heutzutage kriegt man doch alles fertig so schön zu kaufen ...“ Du musst wahrscheinlich jemand suchen, der oder die noch älter ist als deine Mutter. Jemand mit echter Lust am Stricken – eben so wie Oma Kruse.

Lola quasselt mal wieder zu viel. Fangen wir lieber an. Du kannst die nächsten Seiten gerne später lesen, wenn es dich in den Fingern juckt, gleich die Nadeln zu schwingen. Wie du beginnen kannst, steht auf Seite 12.

Loch an Loch – und hält doch!

Beim Stricken zieht man einen Faden mit der Nadel so durch eine Masche, dass eine neue Masche entsteht. Auf diese Art reiht sich Masche an Masche, ein Strickstück ist also eine Art Netz aus Maschen.

Wenn der Faden dünn ist, kann man sehr feine Stücke stricken. Bei dicken Pullovern kann der Faden schon mal so dick wie dein Finger sein. Schau mal nach, was von den Sachen, die du gerade trägst, gestrickt ist. Tatsächlich wird das mehr sein, als du denkst. Denn viele Kleidungsstücke sind mit der Maschine gestrickt und man erkennt die winzigen Maschen nicht auf Anhieb.

Alle Materialien, aus denen unsere Kleidung hergestellt ist, gibt es auch als Handarbeitsgarn. Dann ist es meistens dicker. Du möchtest ja nicht mit haardünnem Garn und Spaghetti-Nadeln stricken, oder?

Wolle aus Naturfaser oder Kunstfaser

Erstmal unterscheidet man zwischen Naturfasern und Kunstfasern. Natur ist … Klar, alles, was wächst, also vor allem Wolle. Die kommt meistens vom Schaf, es gibt aber auch welche von Ziegen oder Alpakas. Es gibt Leute, die sammeln die Haare von ihrem Hund und stricken daraus einen Pullover. Fleißig, fleißig.

Wolle gibt es in behandelter Form oder mit Kunstfasern gemischt, dann ist sie auch gut haltbar. Unbehandelte Wolle kann wunderbar sein, denn sie ist warm und natürlich. Man muss sie vorsichtig waschen. Und ein besonderes Bonbon: man kann sie filzen.

Baumwolle beispielsweise ist eine Wolle aus Pflanzenfasern. Die ist ziemlich unverwüstlich, aber nicht sehr warm, also super für einen Sommerpullover.

Kunstfasern gibt es unzählige, von ganz billigem Acryl bis zu modernen Microfasern. Die können die abenteuerlichsten Farben und Strukturen haben, manche sehen gestrickt aus wie Fell.

Zum Üben ist eine billige Wolle sicher ganz gut. Wenn du ein Kleidungsstück stricken möchtest, lohnt es sich aber zu überlegen, welches Garn am besten passt. Wenn du z. B. einen Schal aus billiger Kunstfaser strickst, wärmt er nicht gut und sieht eben auch billig aus.

Stricknadeln

Stricknadeln gibt es in den Stärken 2 bis 12 mm. Am Anfang bist du mit Stärke 4 bis 6 ganz gut beraten. Es gibt normale, lange Nadeln, Rundstricknadeln und Nadelspiele (5 kurze Nadeln für Socken und so). Die Nadeln können aus Metall oder Plastik sein, besonders schön und angenehm finde ich solche aus Bambus.

Haaalt! Jetzt nicht gleich ins nächste Kaufhaus rennen. Frag mal Mama, deren Freundinnen, eure Nachbarin, Omi, Frau Siebert, Tante Martha und alle, die dir einfallen. Ich bin sicher, die haben alle noch irgendwo Strickzeug herumliegen (und sind froh, wenn sie es loswerden). So hast du auf einen Schlag eine Auswahl von Garnsorten aller Farben und Stärken und bestimmt auch Nadeln dazu. Glaub mir, wenn man all die herumliegende Wolle in Deutschland verstricken würde, man könnte der Erde eine Super-Pudelmütze verpassen!

Mein Tipp: Nimm am Anfang zwei Nadeln von einem Nadelspiel und steck hinten ein Stück Korken drauf. Dann hast du kurze Nadeln und machst dir das Leben leichter!

Stolz wie Oskar!

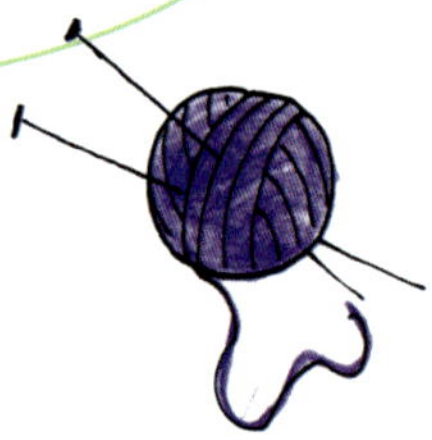

Heutzutage stricken wir aus Spaß – aber früher gab es Zeiten, da gehörte Stricken zum Überleben. Schließlich gibt es Fabriken zur Herstellung von Kleidung noch gar nicht so lange. Und wenn man warme Socken brauchte, hat man sie eben selbst stricken müssen. Die waren dann aber nicht so kuschelig und bunt wie heute. Frag mal deine Großeltern, die können sicher ein Lied davon singen, wie sich **kratzige Wolle auf nackter Haut** anfühlt.

Handgestrickt ist nicht ganz billig, dafür etwas Besonderes

Früher war es nicht nur notwendig, selbst stricken zu können, es war auch billiger. Das ist heute leider nicht mehr so und ich erzähl dir jetzt mal, warum das so ist:

Wenn man z. B. ein Paar Socken nicht mit der Hand strickt, sondern mit einer Strickmaschine, dann geht es sehr viel schneller. In einer Fabrik mit lauter Strickmaschinen kann man also viele Socken in kurzer Zeit von wenigen Leuten stricken lassen. Das spart Arbeitslohn und die Socken kosten weniger. Wenn eine solche Fabrik außerdem in einem Land steht, wo die Menschen arm und die Löhne niedrig sind, werden die Socken noch billiger hergestellt.

Schau mal nach, woher deine Kleidung kommt. Ich könnte wetten, dass sie nicht in Deutschland hergestellt wurde.

Außerdem ist (gute) Wolle leider recht teuer geworden. Dafür gibt s aber auch wirklich für jeden Geschmack etwas.

Handgestrickte Kleidung ist also auf jeden Fall etwas Besonderes und ich kann dir sagen: Ich bin jedes Mal stolz wie Oskar, wenn ich ein neues Teil fertig habe und anziehen kann!

Aller Anfang ist leer

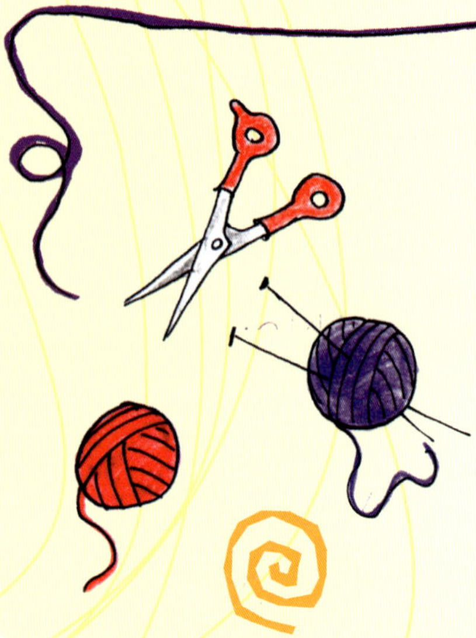

Was du immer zum Stricken brauchst, sind Nadeln und Garn, ist ja logisch. Außerdem solltest du dir ein Kästchen mit ein paar Dingen zusammenstellen, die du sonst dauernd suchst: kleine Schere, stumpfe Sticknadel (mit großem Nadelöhr) und Maßband. Die verschiedenen Stricknadeln solltest du darin sammeln, Häkelnadel und Zopfnadel brauchst du auch irgendwann. Und dann sind Papier und Bleistift noch sehr sinnvoll, falls du Maschen oder Reihen zählen oder ausrechnen musst.

So, los geht's mit der Strickerei. Zunächst brauchst du Maschen auf der Nadel und zwar so viele, wie dein Strickstück breit sein soll. Die Maschen auf die Nadel nehmen, das nennt man Anschlag.

Für den Anschlag gibt es unfassbar viele verschiedene Arten, je nachdem in welcher Gegend und in welchem Jahrzehnt man stricken lernt. Oma Kruse ist ja schon etwas älter und hat mir ihre Art gezeigt. In der Schule haben wir es ganz anders gelernt. Reine Geschmacksache, würde ich sagen. Ich mach's so:

Maschen anschlagen

1 Halte deine linke Hand gespreizt vor dich, Handfläche zu dir. Jetzt legst du den Faden hinten um Daumen und Zeigefinger herum und lässt das Fadenende etwas länger vor den anderen drei Fingern herunterbaumeln.

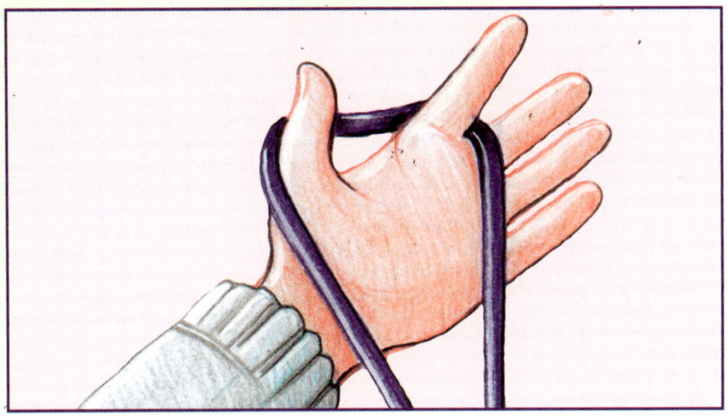

2 Diese drei Finger greifen nun um beide Fäden herum und halten sie ganz locker umschlossen. Daumen und Zeigefinger sind ausgestreckt. Das sieht so aus, als wolltest du im Café zwei Stück Torte bestellen ...
Die andere Hand macht sich mit beiden Stricknadeln bereit.

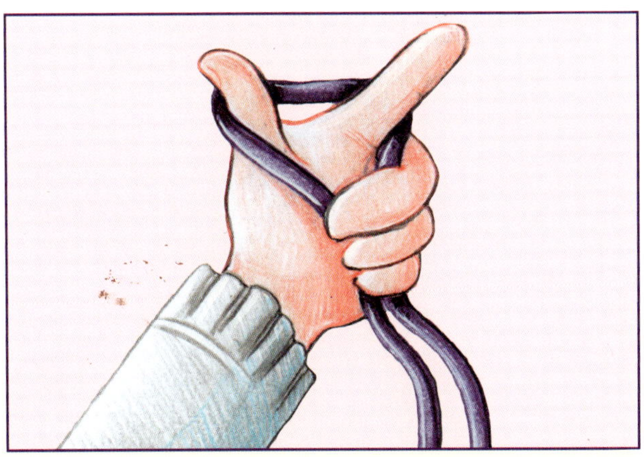

3 Du gehst mit den Nadeln von oben hinter den gespannten Faden, ziehst ihn ein kleines Stück nach vorne, hältst ihn mit dem Daumen der rechten Hand an der Nadel fest und bewegst die Nadelspitzen Richtung Daumenballen.

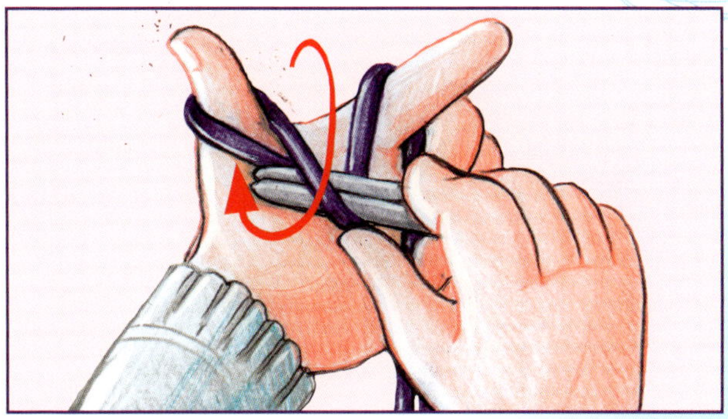

4 Jetzt piekst du mit den Nadeln unter den Faden links vom Daumen ...

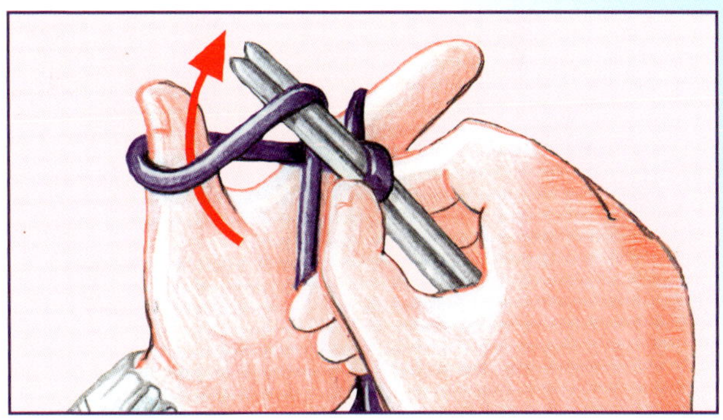

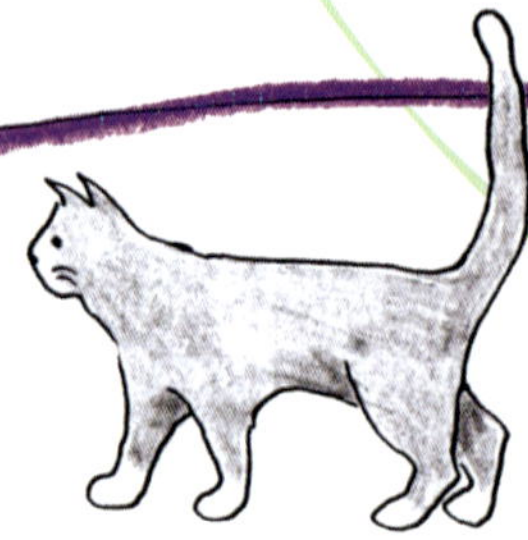

5 … und bewegst die Nadeln weiter Richtung Zeigefinger. Dort schnappst du dir mit den Nadeln den Faden links vom Zeigefinger und ziehst ihn durch die entstandene Schlaufe am Daumen.

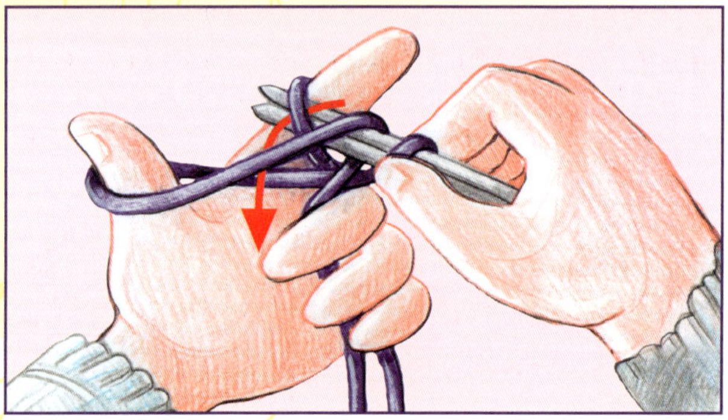

6 Jetzt ist schon die Masche auf der Nadel. Du musst nur noch den Daumen herausziehen.

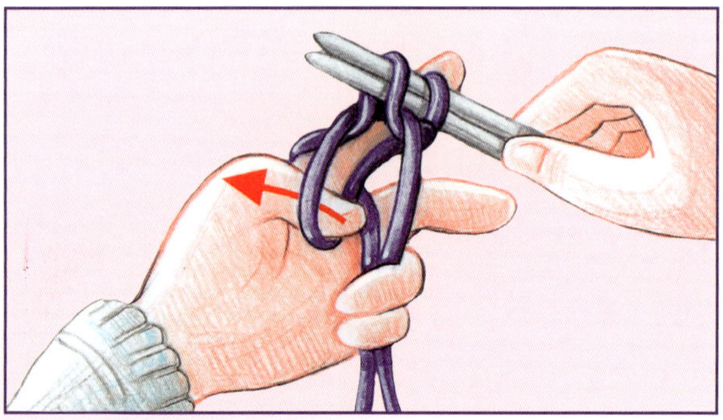

7 Wenn der Daumen frei ist, kann er gleich den Faden vorsichtig etwas spannen und so die Masche festziehen. Die Schritte **4 bis 7** werden nun immer wiederholt, bis du genug Maschen auf den Nadeln hast.

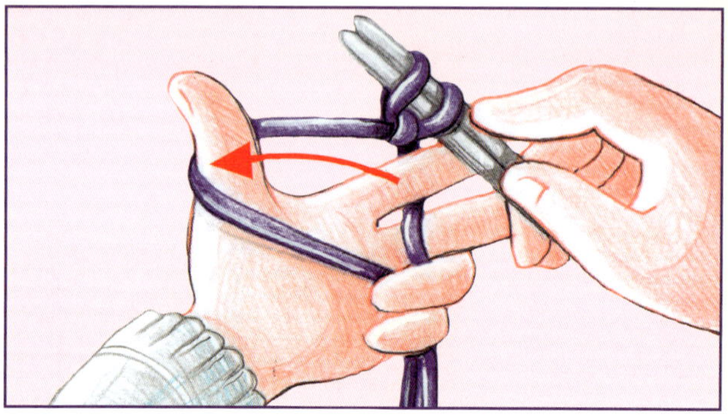

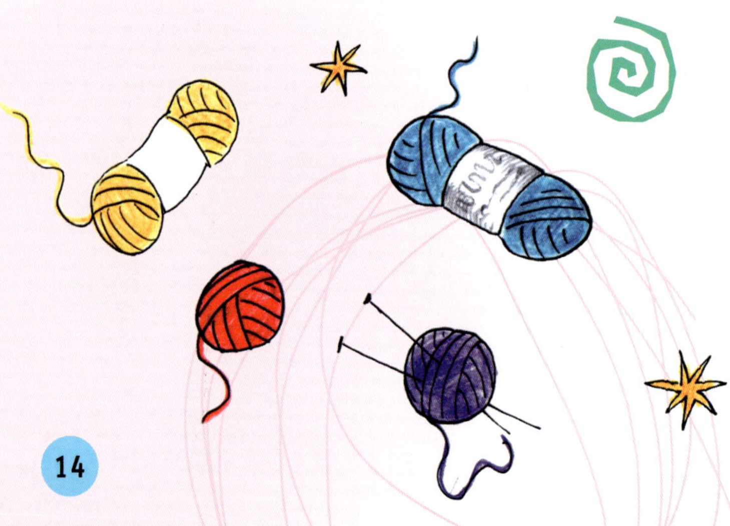

Faden verloren?

Es wird dir vielleicht passieren, dass die linke Hand „den Faden verliert“. Das macht nichts. So kommst du wieder dahin, wo du mit Schritt 4 weitermachen kannst:

1 Du lässt die beiden Fäden hängen und spreizt Daumen und Zeigefinger dazwischen.

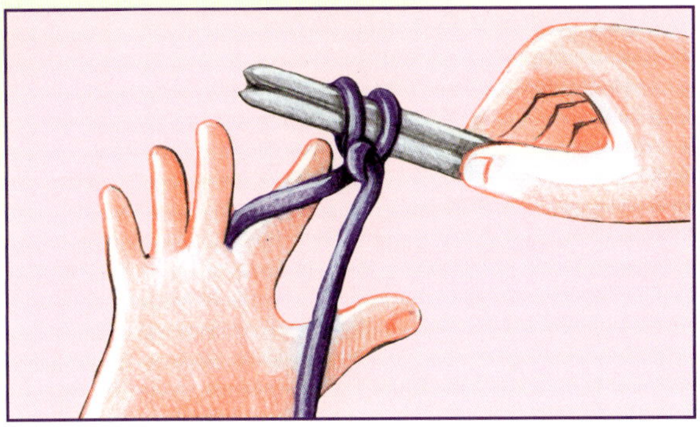

2 Die drei freien Finger umfassen wieder beide Fäden …

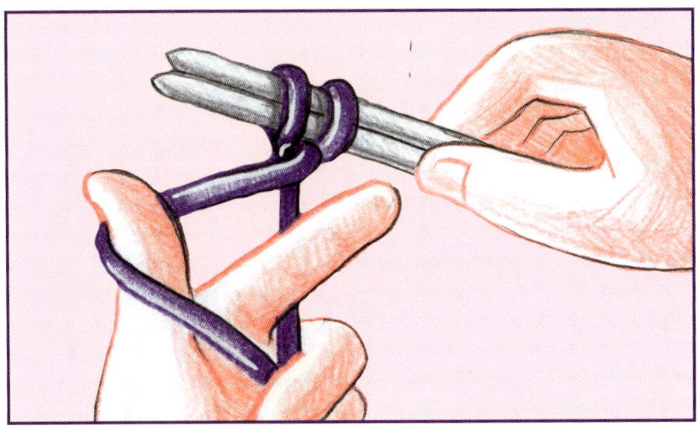

… und die Nadelspitzen gehen in ihre Startposition am Daumenballen. Von dort geht es dann weiter mit Schritt 4.

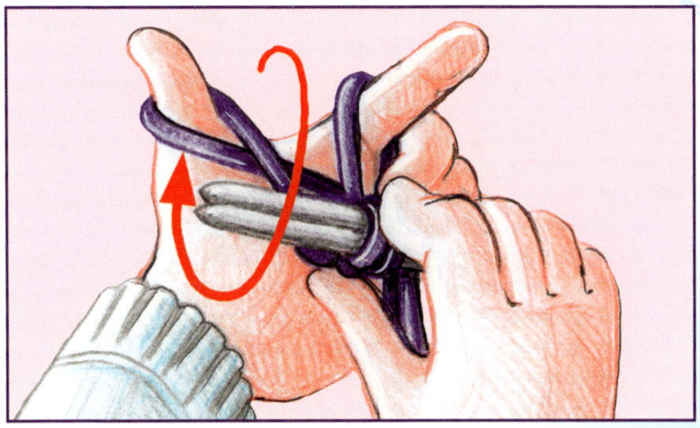

Wenn alle Maschen angeschlagen sind, zieh vorsichtig eine der Nadeln heraus, denn die brauchst du jetzt zum Weiterstricken.

Du merkst, dass sich das Fadenende langsam aufbraucht. Es muss darum je nach Maschenmenge lang genug sein. Wenn es zu Beginn **dreimal so lang** ist wie dein Strickstück, reicht es auf alle Fälle!

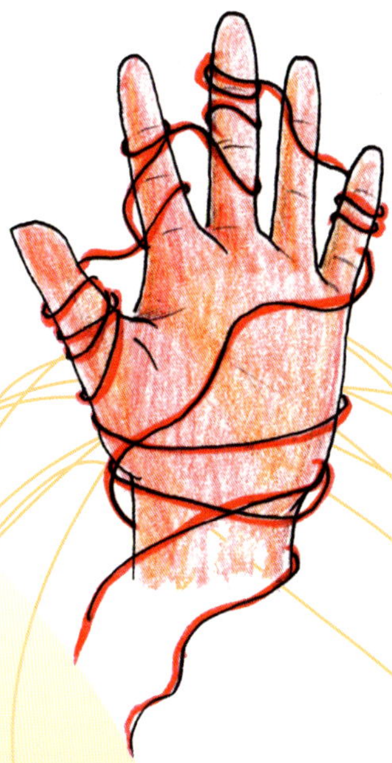

So ist es rechts!

Jetzt hast du eine Menge angeschlagener Maschen auf deiner Nadel. Wie die Hühner auf der Stange, hübsch gleichmäßig anzusehen. Diese Nadel nimmst du jetzt in die linke Hand, in der rechten Hand hältst du die leere Nadel, denn die wartet darauf, die Maschen abzustricken.

Oh Lola, Lola, Lola. Du bist zu hektisch! Wie soll denn jemand wissen, **wie man den Faden hält**. Soll der etwa in der Luft schweben? Ich weiß, du meinst, das kann man machen, wie man will, es gibt schließlich Dutzende Möglichkeiten. Aber ich habe es dir ja so erklärt, wie es bei mir seit 73 Jahren gut funktioniert.

Alles klar! Oma Kruses Methode ist zwar etwas altmodisch, klappt aber wirklich prima.

Rechte Maschen stricken

1 Also, bevor die linke Hand die Nadel mit den Maschen hält, muss die rechte Hand sie vorerst übernehmen, denn die linke Hand wird zuallererst mit dem Faden umwickelt. Halte die linke Handfläche gespreizt vor dich, vorne zwischen dem kleinen Finger und dem Ringfinger hängt der lange Faden.

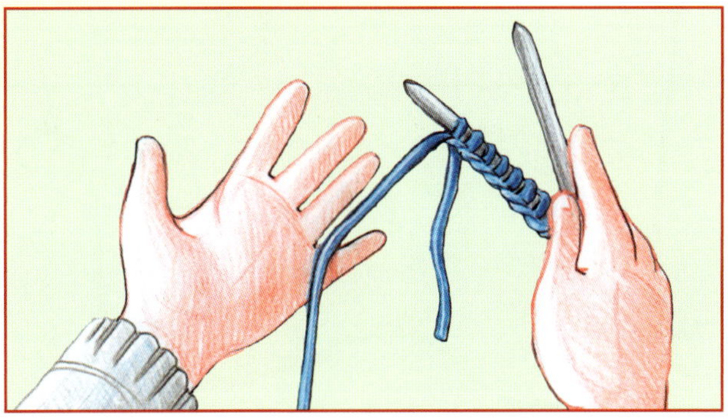

2 Den Faden einmal um den kleinen Finger wickeln und dann hinter den drei anderen Fingern entlangführen, dabei die Hand drehen. Nun guckst du auf den Handrücken. Der Faden muss sich ganz locker durch die Finger ziehen lassen!

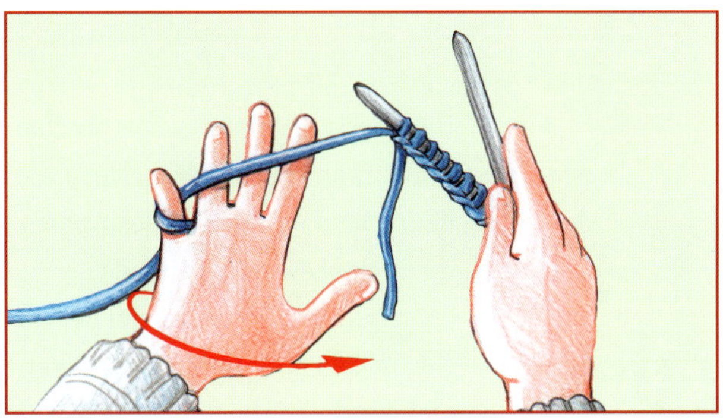

3 Mit Daumen und Mittelfinger fasst du die angeschlagenen Maschen, und zwar dort, wo der kurze Faden herunterhängt. Der lange Faden läuft hinter der Nadel entlang. Ganz wichtig ist der Zeigefinger, denn der hält den Faden gespannt.

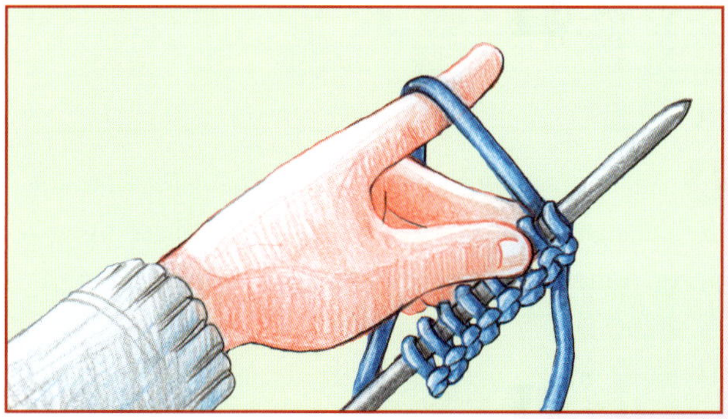

4 So, jetzt geht es aber los: Du stichst von vorne und unten in die erste Masche, angelst dir den Faden von hinten. Halte ihn mit dem rechten Zeigefinger an der Nadel fest ...

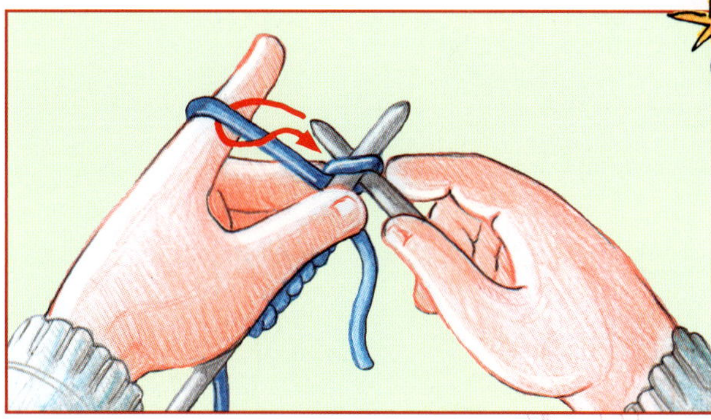

5 … und ziehe ihn vorsichtig durch die Masche hindurch. Dabei muss der Zeigefinger den Faden wieder loslassen.

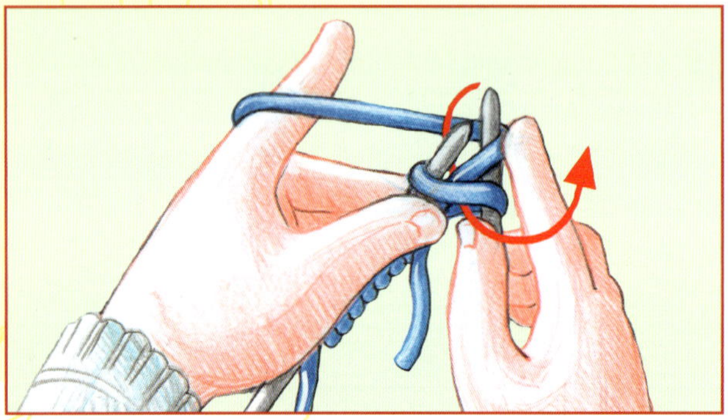

6 Auf der rechten Nadel ist jetzt die neue Masche, auf der linken noch die alte. Lass diese nun auch von der linken Nadel flutschen. Fertig! Sag ich doch, stricken ist so einfach!

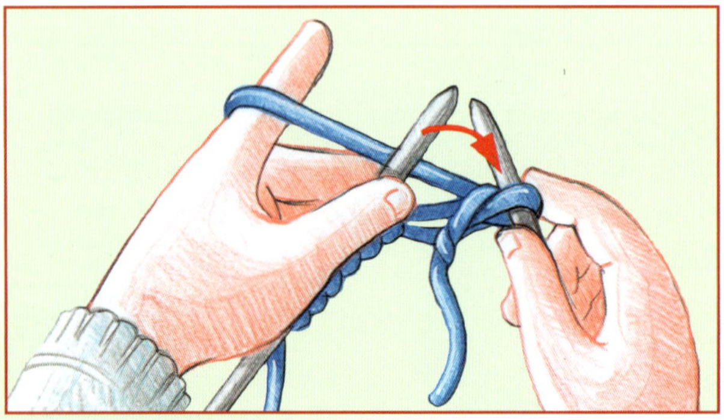

Na ja, zugegeben. Am Anfang flutschen die Maschen noch nicht so toll, weil man meistens viel zu fest anzieht. Da muss dann der eine oder andere Zeigefinger ein bisschen nachhelfen und die Maschen etwas anschubsen.

Die Maschen auf der linken Nadel sollten sich immer nach oben, sozusagen zum Ausgang bewegen, damit du sie abstricken kannst. Auch da muss man manchmal etwas nachhelfen.

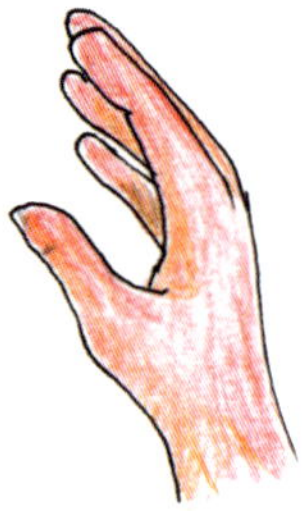

Du strickst die Reihe weiter bis zum Ende, dann sind alle Maschen auf der rechten Nadel. Den Rest kannst du dir denken, es geht wieder von vorne los. Die Nadel mit dem Gestrickten nach links, leere Nadel in die rechte Hand und ab geht die Post.

Kraus rechts

Wenn du ein paar Reihen fertig hast, schau dir mal die rechten Maschen aus der Nähe an: Auf der Vorderseite sind sie platt und sehen ungefähr aus wie ein **V**.

Auf der Rückseite haben sie eine **Beule**.

Wenn du jetzt immer rechte Maschen strickst, hast du auf beiden Seiten das gleiche Muster, nämlich **Vs** und **Beulen**. Die Vs fallen überhaupt nicht auf, sie verschwinden hinter den Beulen, die hübsche Reihen mit Wellenmuster bilden. Das Ganze nennt man „kraus rechts“.

Man kann übrigens den Rand unterschiedlich stricken, das kannst du im Kapitel „Sonst noch was?“ nachlesen. Fürs Erste strickst du am besten einen **Knötchenrand**, indem du die letzte und die erste Masche genau wie alle anderen rechts abstrickst.

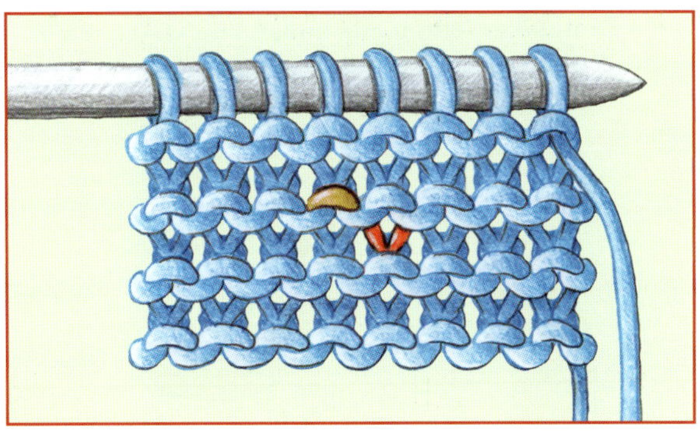

Abketten

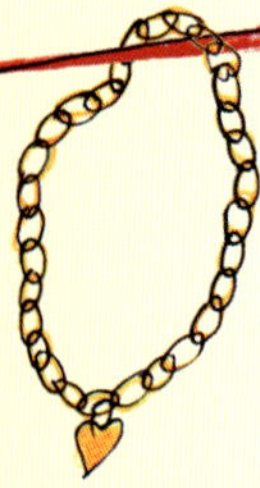

Irgendwann ist das Strickstück groß genug und man muss aufhören mit dem Gestricke. Also: Nadeln raus und fertig!

Ha! Das hast du jetzt doch wohl nicht geglaubt, oder? Ich kleines Dusselgesicht hab das mal gemacht – als ich noch Anfängerin war. Und dann auch noch am Faden gezogen, sodass sich alles wieder aufgeribbelt hat. Pustekuchen, die ganze Arbeit umsonst!
Die richtige Lösung ist: in der letzten Reihe Maschen abketten!

1 Du strickst die erste Masche der Reihe wie immer, danach die zweite und ziehst anschließend vorsichtig mit der Spitze der linken Nadel die erste Masche über die zweite. Am besten hältst du die zweite Masche wieder mit dem Zeigefinger fest, damit sie nicht von der Nadel rutscht.

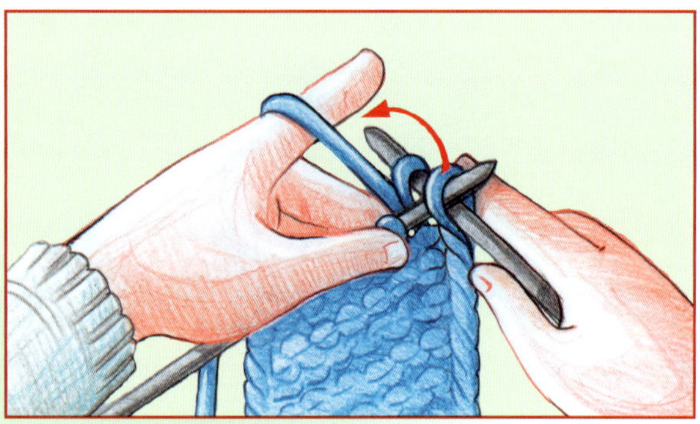

2 Schwupps ist wieder nur noch eine Masche auf der Nadel!

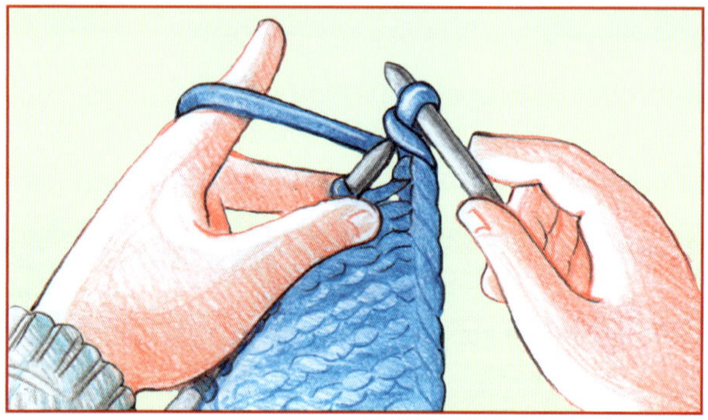

Das geht dann immer so weiter, nämlich wieder eine Masche stricken, die vorige drüberziehen, wieder eine stricken, wieder drüberziehen – bis zum Ende der Reihe. Und **immer schön locker bleiben**. Im Ernst! Du darfst die Maschen beim Abketten nicht zu fest ziehen, sonst wird alles ganz furchtbar eng und hart. Und der Rand bekommt die Form einer Banane!
Wenn du es geschafft hast, alle Maschen abzuketten, kannst du den Faden so abschneiden, dass er noch einige Zentimeter lang bleibt und ihn durch die letzte Masche ziehen, damit sie auch gesichert ist.

Faden vernähen

Du hast jetzt zwei Fäden, die an Anfang und Ende herumbaumeln. Jeden davon solltest du zum Schluss vernähen: das bedeutet, auf der Rückseite wellenförmig durch einige Maschen ziehen. Dann kannst du den Faden abschneiden.

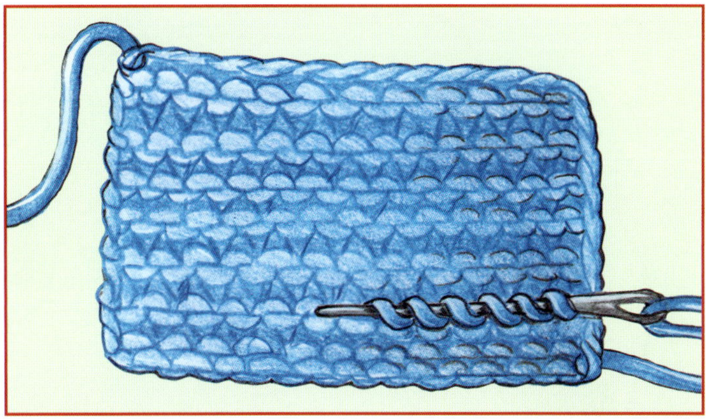

Mit Geduld und Spucke

Dein erstes Teil ist nun fertig! Egal ob bananenförmig oder nicht – du kannst echt stolz sein darauf! Du kannst stricken und alles, was jetzt wichtig ist: üben, üben, üben. Aber auch aus den allerersten Übestücken kannst du schon etwas Hübsches herstellen. Wenn du z. B. zu deinem ersten Übeläppchen noch eine Zwillingsschwester strickst, könnte daraus ein Nadelkissen werden. Mehrere Läppchen ergeben ein prima Kissen oder eine Tasche. Sicher hast du selbst Ideen. Auf den nächsten Seiten zeige ich dir, was ich als Erstes so gebastelt habe.

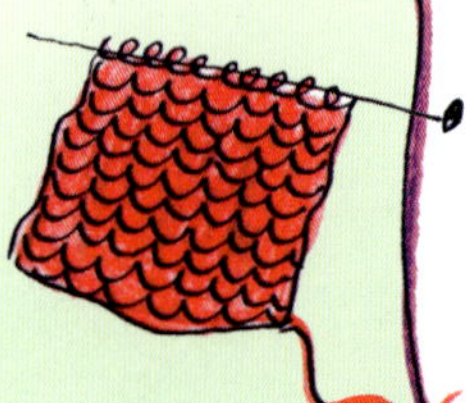

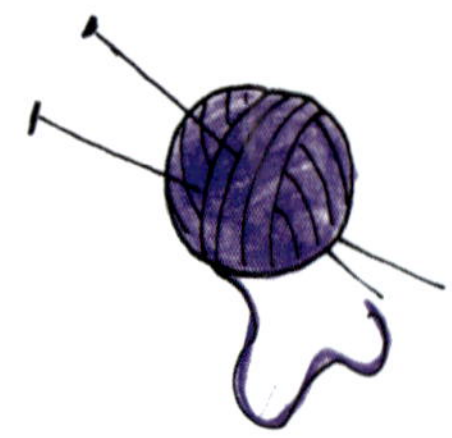

Übrigens: das **Zusammennähen** kann man auf verschiedene Arten machen, schau dir das mal im Kapitel „Sonst noch was?“ (Seite 62) an. Die einfachste Art ist der Schlingstich, damit kannst du die folgenden Teile dieses Kapitels zusammennähen – oder die anderen Arten auch mal probieren.

Praktisches Nadelkissen

Wie gesagt, das hier ist das allererste Übeläppchen mit seiner Zwillingsschwester. Beide müssen quadratisch sein.

1 Du schlägst 25 Maschen an und strickst so lange, bis es ein Quadrat geworden ist, dann kettest du ab.

2 Lege beide Quadrate aufeinander und nähe sie an drei Seiten zusammen. Stopfe die Füllung hinein und verschließe die letzte Naht. Fertig!

Du brauchst

- 1 Paar Stricknadeln Nr. 3 oder 4
- Schachenmayr Alpaka in Kirsche (Fb 130) und Burgund meliert (Fb 132), je 20 g
- ca. 20 g Bastelwolle (auch Filzwolle oder Zauberwolle genannt)

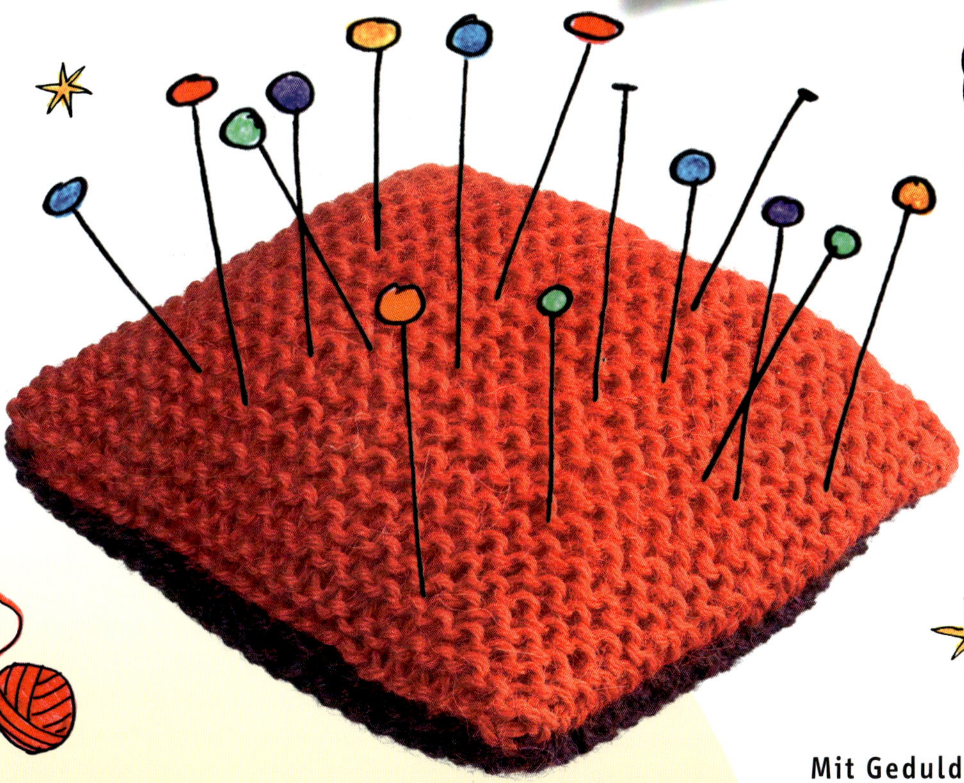

Du brauchst

- 1 Paar Stricknadeln Nr. 3 oder 4
- Schachenmayr Alpaka in Kirsche (Fb 130), Natur (Fb 2), Rosa (Fb 134), Weinrot (Fb 131) und Burgund meliert (Fb 132), je 50 g
- ca. 500 g Bastelwolle oder eine fertige Kissenfüllung

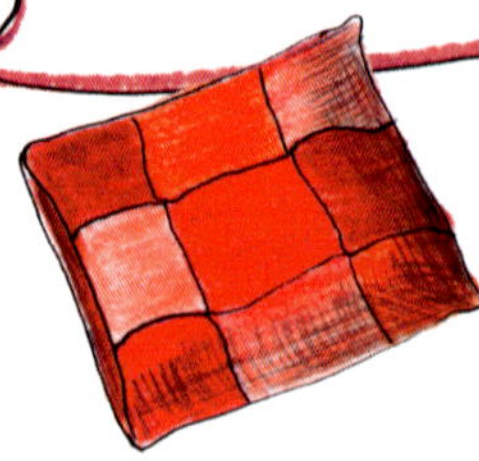

Kuscheliges Kissen

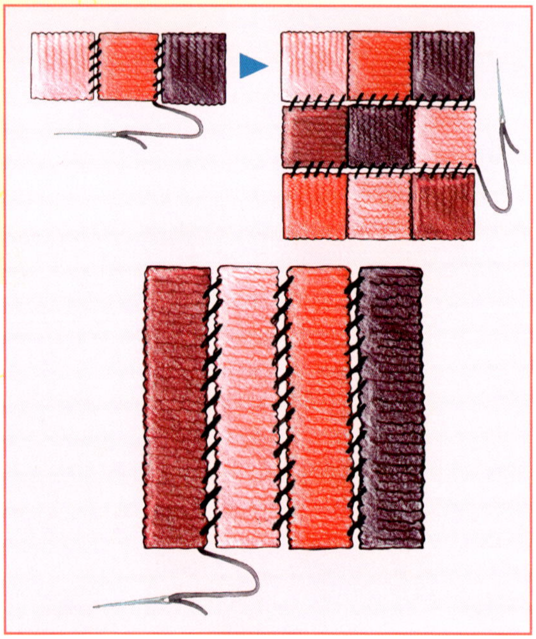

Dieses Kissen ist ein ziemlich großes Kunstwerk. Du kannst natürlich auch eine Nummer kleiner beginnen und nur vier Quadrate nehmen. Ich habe gleich neun Mal ein Übeläppchen hergestellt. Jedes ging dann leichter als das vorige, echt wahr!

1 Für jedes Quadrat musst du 24 Maschen anschlagen.

Wenn alle fertig sind, legst du sie so zusammen, wie sie am schönsten zueinander passen. Die Wellenreihen müssen immer abwechselnd längs und quer zeigen. Sieh dir das auf der Zeichnung genau an! Dann nähst du die ersten zwei Quadrate zusammen und das dritte dazu. Schon ist die erste Reihe fertig! Mach das so mit allen drei Reihen. Zum Schluss die Reihen aneinandernähen.

2 Für die Rückseite habe ich dasselbe mit Streifen gemacht und dabei 4 Streifen mit jeweils 18 Maschen gestrickt. Wie lang der Streifen werden muss, kannst du an drei gestrickten Quadraten abmessen.

Natürlich kannst du die Rückseite genau wie die Vorderseite stricken oder andersherum oder einfarbig oder, oder, oder ...
Auf jeden Fall am Ende wie das Nadelkissen zusammennähen.

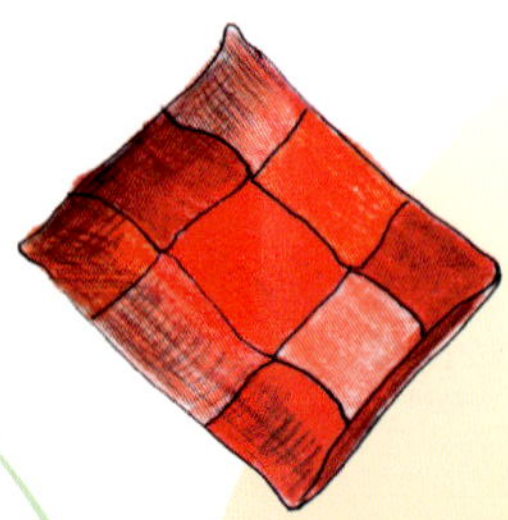

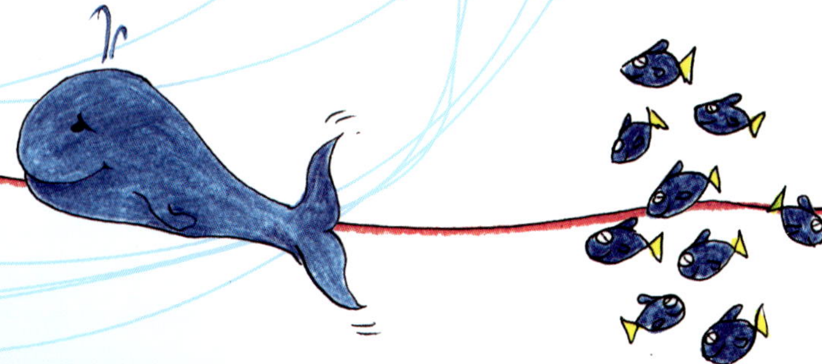

Walter, der Wal und die rote Riesenschlange

Da staunst du Bauklötze. Was, Kuscheltiere stricken als Anfänger? Kein Problem, versprochen! Denn alles ist nur aus Rechtecken genäht und die Rechtecke sind ja nichts anderes als lange Quadrate, sozusagen.

Du brauchst für die rote Riesenschlange

- Schachenmayr Extra Merino Big in Rubin (Fb 131), 50 g
- 1 Paar Stricknadeln Nr. 3 oder 4
- 2 Knöpfe für die Augen
- Filzstreifen für die Zunge
- Perlen und ein dünnes Lederband als Verzierung
- ca. 100 g Bastelwolle

für Walter, den Wal

- Schachenmayr Boston in Mosaikblau (Fb 65), 50 g
- 1 Paar Stricknadeln Nr. 7 oder 8
- 2 Knöpfe für die Augen
- ca. 100 g Bastelwolle

Der Trick ist, dass man beim Zusammennähen die Ecken einklappt und dadurch Rundungen zaubert. Wenn man dann noch zusätzlich einige Nähte hineinsteppt, entstehen erstaunliche Formen. Am einfachsten ist natürlich die rote Riesenschlange.

Rote Riesenschlange

1 Du schlägst 15 Maschen an und arbeitest so lange, wie du Lust und Wolle hast. Bei mir sind es 80 cm geworden.

2 Dann klappst du das Rechteck der Länge nach zusammen und beginnst am hinteren Ende mit dem Zusammennähen. Das Ausstopfen solltest du gleich mitmachen, also immer nach ein paar Zentimetern Zusammennähen den Schlauch füllen. Sonst musst du alles am Ende hineinstopfen und die Schlange sieht aus, als hätte sie Walter, den Wal, verschluckt.

3 Das dünne Lederband ziehst du vorsichtig durch die Maschen auf der Oberseite der Schlange. Nach jeder Welle fädelst du eine Perle auf. Dann stichst du mit dem Lederband unter die nächste Welle. Am Anfang und am Ende machst du einen Knoten in das Band. Zum Schluss noch die Augen aufnähen.

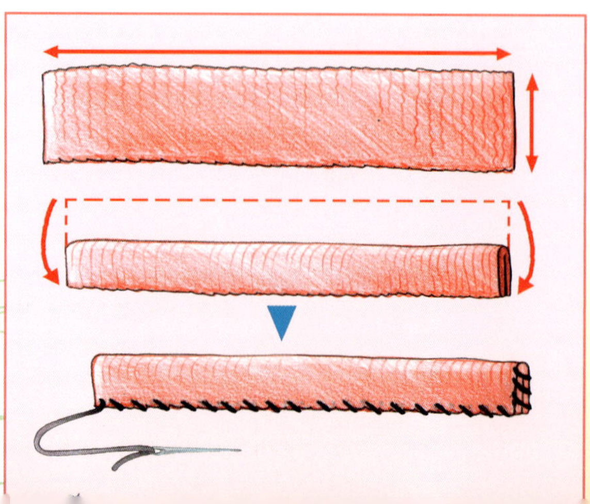

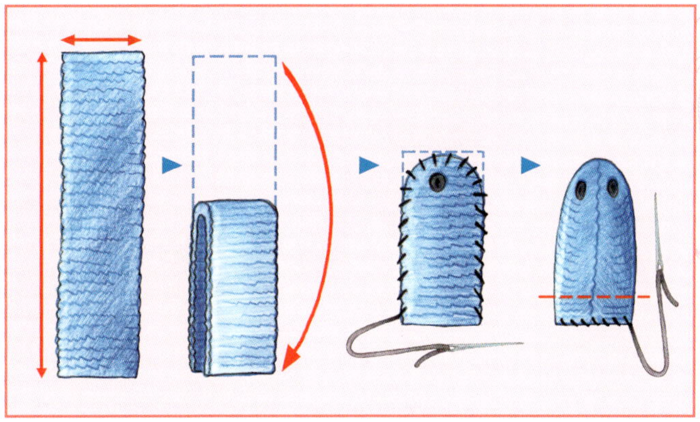

Walter, der Wal

1 Walter ist ruckzuck fertig, auch wenn er kompliziert aussieht. Ein Rechteck von 18 Maschen auf 50 cm dieser dicken Wolle schaffst du inzwischen sicher schon ganz flott.

2 Die langen Seiten zusammennähen, ausstopfen und so hinlegen, dass die Naht oben in der Mitte liegt. Die letzte Naht ist nun das Ende der breiten Schwanzflosse. Achtung, die Flosse nicht ausstopfen, sondern zum Schluss mit einer Naht absteppen! Und Augen bekommt Walter natürlich auch noch.

So, jetzt wären eigentlich die Teddyschals, Puppenpullis oder Barbieponchos an der Reihe. Aber, Leute, das erspare ich mir. Wisst ihr was, wir machen das so: Ich erkläre euch, wie ihr etwas für eure eigene Größe strickt und dann entscheidet ihr selbst, ob ihr zunächst ein paar Nummern kleiner loslegt in Teddy-Größe.

Flotter Pullunder

Ach ja, wie du die richtige Größe herausfindest, siehst du wieder im Kapitel „Sonst noch was?“ auf Seite 69. Den Pullunder erkläre ich dir in Größe 140, das ist meine Größe.

1 Du schlägst 50 Maschen an und strickst 45 cm hoch, dann kettest du ab. Und dann genau das Gleiche noch einmal. Jetzt hast du Vorder- und Rückseite. Wie du auf der Zeichnung siehst, schließt du die Nähte an Seite und Schulter. Pass auf, dass der Kopf noch durchpasst! Vielleicht gefällt dir der Pullunder bereits so gut, dann kannst du ihn gleich morgen in der Schule anziehen. Oder du strickst noch den Kragen.

2 Für den **Kragen** 15 Maschen anschlagen und 40 cm hoch stricken, abketten. Und noch mal das Ganze. Anschließend beide Teile rechtwinklig aufeinanderlegen und festnähen. Zuletzt mit zwei bis drei Stichen die Ecken vorne zusammennähen. Probiere, wie dir der Kragen am besten gefällt und nähe ihn dann auf dem Pullunder fest. Vorne am Kragen ist ein guter Platz für eine Verzierung. Da kannst du je nach Tageslaune etwas Cooles, Braves, Prinzessinnenhaftes oder Gruseliges dranstecken.

Du brauchst

- 1 Schachenmayr Silenzio in Kürbis (Fb 26), 350 g
- 1 Paar lange Stricknadeln Nr. 6 oder 7
- 1 Brosche, Knopf oder Ähnliches zum Anstecken

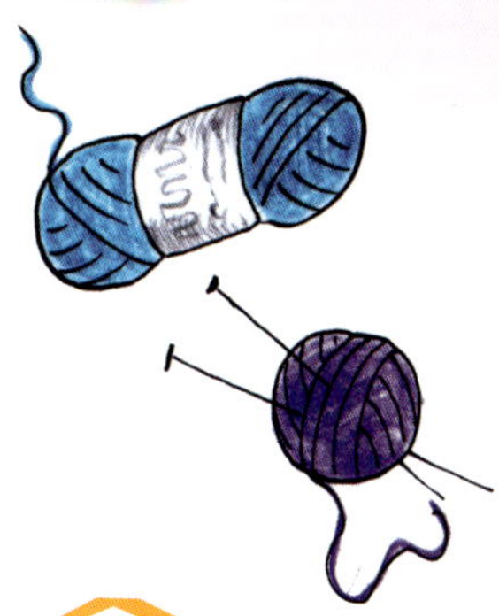

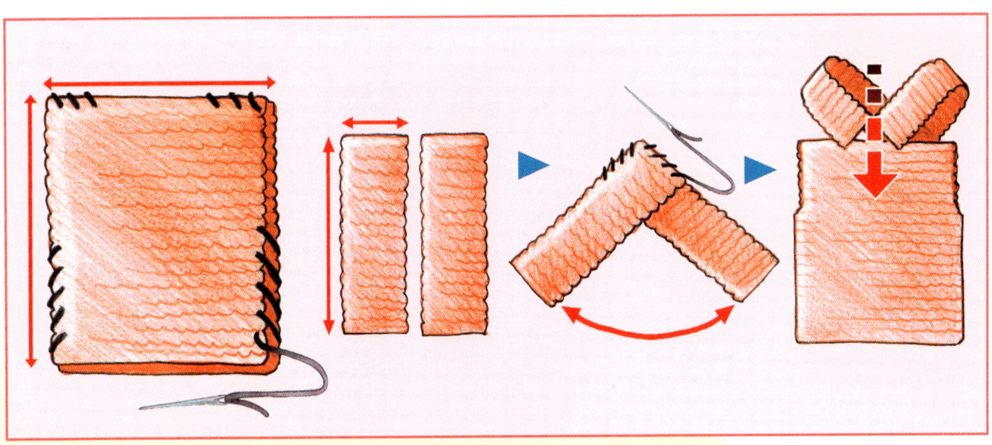

Links zwo drei vier

So, hoffentlich bist du nicht ganz seekrank geworden von den vielen Wellen, die du gestrickt hast. Doch? Na, dann wird's Zeit, dass wir ein neues Muster probieren. Glatt rechts, heißt es üblicherweise. Das ist etwas komisch, weil rechts ja schon das mit den Wellen war, und du weißt, das war kraus rechts.

Nun, glatt rechts macht man aus Reihen mit rechten Maschen und Reihen mit linken Maschen. Wenn du nur Reihen aus linken Maschen stricken würdest, hieße das – na? Richtig, kraus links. Aber das macht man eigentlich nie, weil linke Maschen ein bisschen umständlich sind, deshalb strickt man rechts, wenn man krause Sachen stricken will.

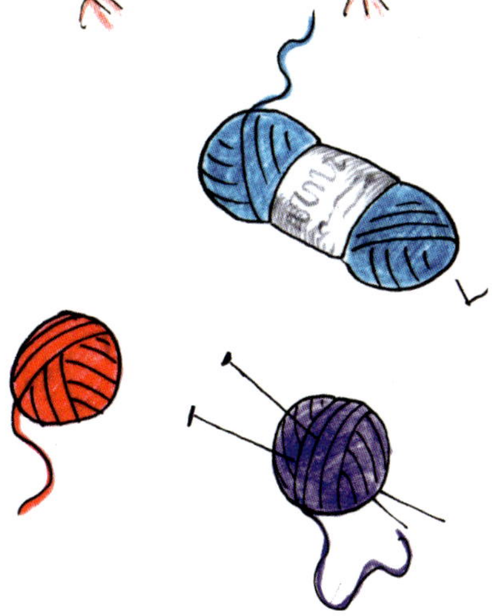

Glatt rechts

Glatt rechts sieht aus wie lauter Vs auf der Vorderseite. Auf der Rückseite gibt es wieder Wellen, die sind aber dichter als die bei kraus rechts. So, langer Rede – kurzer Sinn: Es geht los!

1 Schlag Maschen an für ein Probeläppchen und strick dann die erste Reihe rechts. Bei der nächsten Reihe strickst du erst einmal die Randmasche, so wie du es gewohnt bist. Dann kommt das Neue: der Faden muss jetzt vor der Arbeit liegen. Nun piekst du mit der Nadel von oben in die nächste Masche.

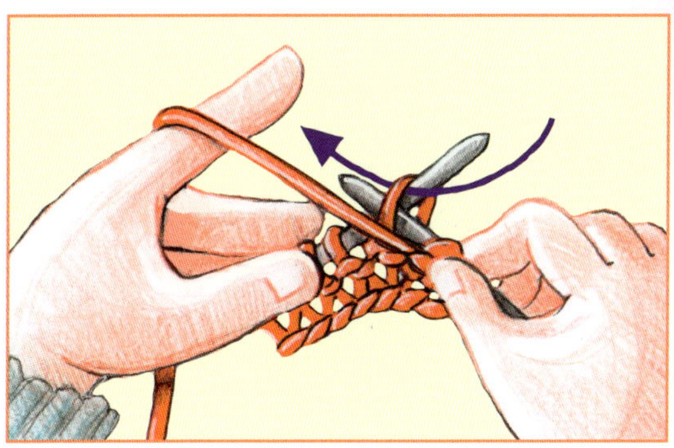

2 Als Nächstes muss der linke Zeigefinger mithelfen, der ja den Faden so schön gespannt hält. Er wickelt jetzt den Faden einmal um die Nadel, dann schlüpft die Nadel sofort durch die aufgepiekste Masche durch.

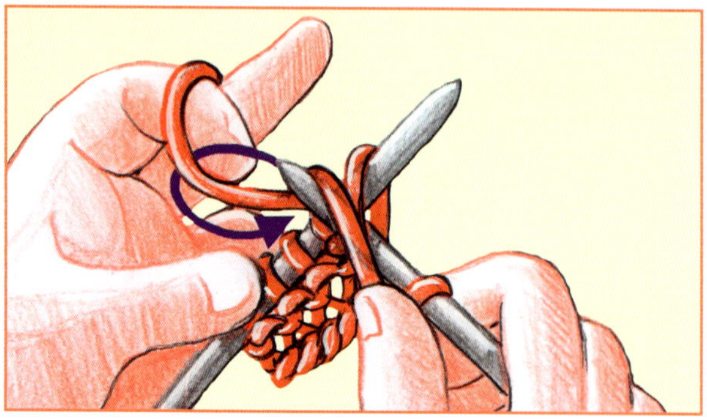

3 Dann muss die Masche nur noch auf die rechte Nadel flutschen, da kann wiederum der rechte Zeigefinger etwas helfen. Wenn die Reihe fertig ist (und deine Finger sich von der Anstrengung erholt haben), strickst du die nächste Reihe wieder rechts. Also immer abwechselnd.

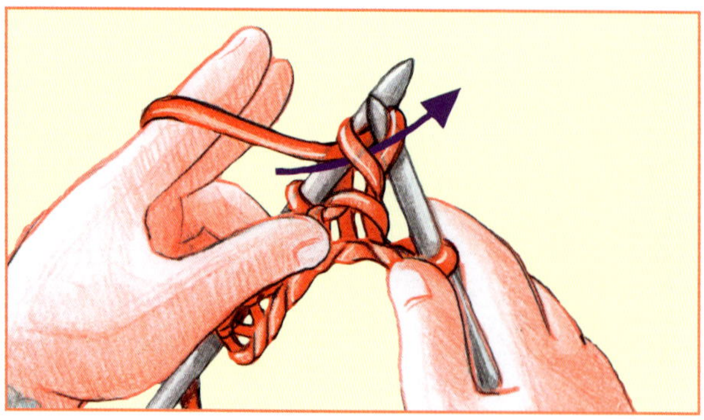

Falls du mal nicht mehr weißt, welche Reihe eigentlich dran ist, denk dran: Rechte Maschen sind vorne wie ein V und haben hinten die Beule. Bei den linken Maschen ist es genau anders herum.

Ich muss schon sagen, Lola hat das ganz ordentlich erklärt – hat sie ja schließlich auch von mir gelernt. Aber: Es gibt ein klitzekleines Problem, jedenfalls bei den meisten Stricklehrlingen. Die linken Maschen sind ja nicht wirklich schwierig, aber sie werden komischerweise oft etwas lockerer oder jedenfalls nicht so gleichmäßig. Auf der Vorderseite deiner Arbeit sieht man das nicht so, aber die Rückseite mit dem Wellenmuster bekommt dadurch Rillen, wo man eigentlich gar keine eingeplant hatte. Ärgere dich bloß nicht darüber! Die Übung macht's, dass es schnell immer besser wird. Vergiss nicht, deine Hände hin und wieder zwischendurch zu lockern. Das hilft garantiert!

Pulli, Tasche und Co.

Oma Kruse hat etwas von üben gesagt? Na, dann mal los. Etwas ganz Schnuckeliges kannst du aus deinen Übeläppchen basteln.

Du brauchst

- Schachenmayr Alpaka in Natur (Fb 2), Kirsche (Fb 130), Weinrot (Fb 131), Burgund meliert (Fb 132) und Rosa (Fb 134), Reste
- 1 Paar Stricknadeln Nr. 3 oder 4
- ca. 20 g Füllmaterial (z. B. Bastelwolle) pro Stück
- getrocknete Kräuter
- Stoffreste
- Nadel und Faden

Duftende Wollpralinen

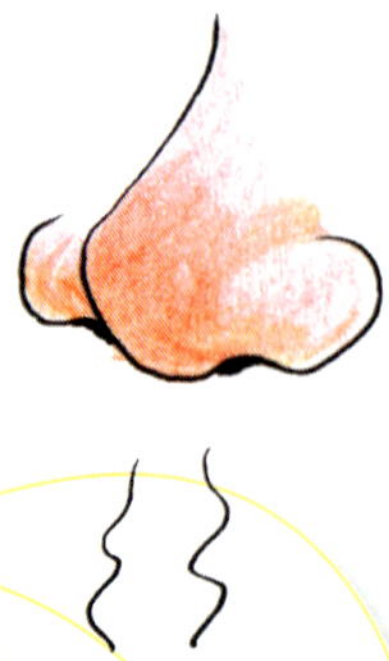

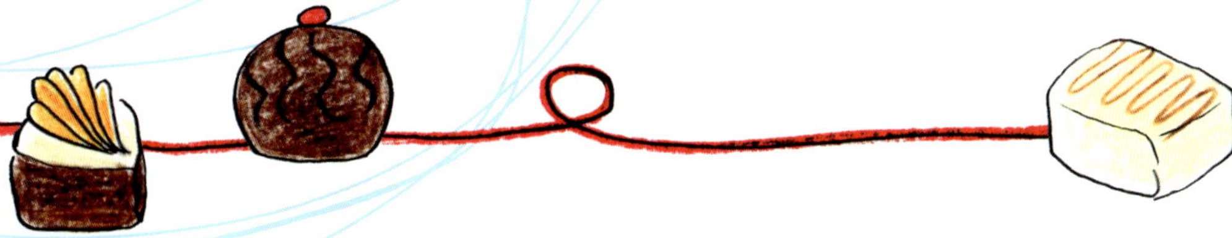

Schade, dass dies hier kein Duftbuch ist. Die Wollpralinen sehen nämlich nicht nur klasse aus und sind kuschelweich, sie duften auch ganz wunderbar. Lavendel, Pfefferminz, Heublumen – ach, nach Sommer, Wiese, Urlaub, Kühen, großer weiter Welt ...

Na ja, je nachdem, was du hineinfüllst ... Du brauchst etwa zwei Teelöffel getrocknete Kräuter, die du in einen Stoffrest einnähst. Dieses Päckchen wird in etwas Füllstoff gewickelt und in den Wollmantel eingenäht.

1 Der Wollmantel besteht aus zwei gleich großen Quadraten, die glatt rechts gestrickt sind. Schlage 20 Maschen an und stricke so lange, bis ein Quadrat entstanden ist, dann abketten. Du kannst in einer Farbe stricken oder im Streifenmuster, also immer nach 2 oder 4 oder 6 Reihen die Farbe wechseln. Ich habe immer ein Quadrat einfarbig und das andere gestreift gestrickt.

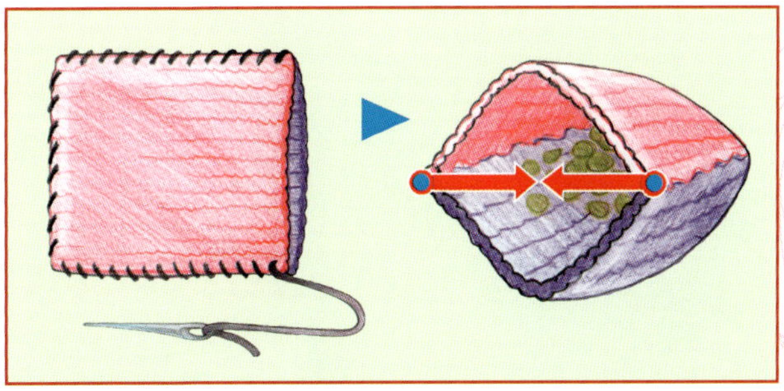

2 Dann nähst du an drei Seiten die Quadrate zusammen, stopfst die Füllung hinein und nähst die vierte Seite zu. Dabei die schon fertigen Nähte in der Mitte aufeinanderlegen und so die Naht schließen.

Ringel-Top

So ein Baumwoll-
top ist prima für
den Sommer. Man
kann es aber auch
über einer Bluse
oder einem T-Shirt
tragen.

Du brauchst

- Schachenmayr Laluca Cotton in Natur (Fb 2), Leinen (Fb 4), Zitrone (Fb 22), Tomate (Fb 31) und Aprikose (Fb 25), je 50 g
- 1 Paar Stricknadeln Nr. 4 oder 5

1 Du schlägst 60 Maschen in der Farbe Leinen an und strickst für das Bündchen 4 Reihen in kraus rechts. Dann geht es weiter in glatt rechts, und zwar immer 10 Reihen in einer Farbe. Nach dem 7. Streifen kommen noch mal 4 Reihen in kraus rechts in der Farbe Natur.
Wenn du einen Streifen fertig hast, schneide den Faden nicht zu kurz ab, du kannst ihn nachher zum Zusammennähen verwenden.

2 Dieses Teil musst du natürlich zweimal stricken, ist ja klar.

3 Die beiden Träger strickst du in Aprikose und kraus rechts. Dafür schlägst du jeweils 7 Maschen an und kettest nach 30 cm wieder ab.

4 Nun kommt das Zusammennähen. Pass auf, dass die Streifen schön aneinanderpassen. Jetzt noch die Fäden vernähen und die Träger an der richtigen Stelle annähen.

Bei Baumwollgarn macht es sich gut, wenn man die einzelnen Teile vor dem Zusammennähen vorsichtig dämpft. Dafür brauchst du eine alte Decke als Unterlage, auf der du das Strickteil ausbreitest und feststeckst. Achtung, die schöne Seite liegt unten! Du legst ein feuchtes Tuch darauf und bügelst vorsichtig alles schön flach. Lass dir beim ersten Mal dabei helfen!

Prima Tasche

Du brauchst

- Schachenmayr Laluca Cotton in Natur (Fb 2), 100 g
- Schachenmayr Laluca Cotton in Agave (Fb 56), 50 g
- Schachenmayr Laluca Cotton in Türkis (Fb 65), 150 g
- 1 Paar Stricknadeln Nr. 5 oder 6
- Buchstaben zum Aufbügeln

1 Weil die Wolle jetzt sehr dick ist, brauchst du nur 35 Maschen anzuschlagen. Dann strickst du glatt rechts. Meine Tasche besteht aus vier Streifen: 10 cm in Türkis, 18 cm in Natur, 14 cm in Agave, 18 cm in Natur.

2 Dann die Tasche so zusammennähen, dass die türkisfarbene Lasche überlappt.

3 Nun kommt der Träger: Wenn du ihn auch glatt rechts strickst, rollen sich die Seiten zusammen. Dieses Problem habe ich folgendermaßen gelöst: **1 Reihe rechts, 1 Reihe links, 1 Reihe rechts, 1 Reihe links, 2 Reihen rechts**.
Der Träger ist 10 Maschen breit und 120 cm lang. Befestige ihn gut, indem du ihn entlang der Randmaschen auf die Tasche nähst.

4 Zum Schluss bügelst du die Buchstaben auf. Übrigens, auch die Taschenteile solltest du vor dem Zusammennähen dämpfen!

Die Tasche ist aus dem gleichen Material wie das Top, trotzdem ist sie viel stabiler. Der Trick: Ich habe den Faden doppelt genommen! Und jetzt kommt die Denksportaufgabe: Wie bekomme ich aus einem Knäuel zwei Fäden? Kluges Köpfchen, ich popel mit dem Finger das andere Ende des Fadens aus der Mitte des Knäuels heraus. Ungefähr so wie das Weiche aus der Frühstückssemmel – und schon habe ich zwei Fäden.

Superschöner Pullover

Dieser superschöne Pullover ist ratzfatz gestrickt. Das Vernähen der Fäden am Ende macht fast am meisten Arbeit. Wenn du das nicht gerne machst, kannst du auch breitere Streifen stricken. Vielleicht fällt dir auf, dass der Pullover gar kein Bündchen hat wie die meisten anderen. Eigentlich macht man das vor allem bei glatt rechts gestrickten Sachen, weil sich sonst das Gestrickte hochrollt. Bei dieser Wolle passiert das zum Glück nicht. Vor allem, wenn du die einzelnen Teile ganz vorsichtig dämpfst.

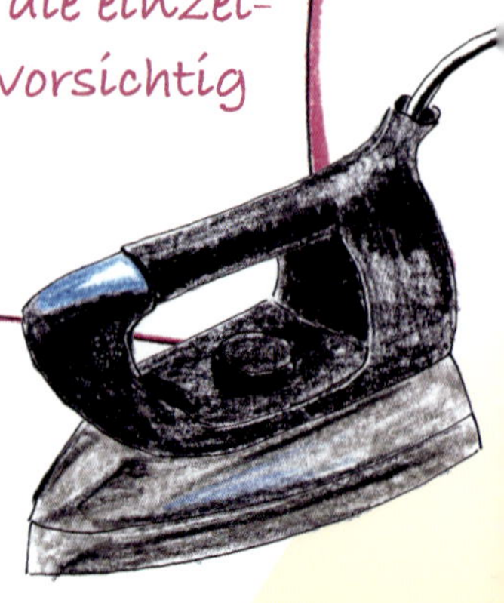

Du brauchst

- Schachenmayr Boston in Violett (Fb 49), 50 g
- Schachenmayr Boston in Kürbis (Fb 26), Gelb (Fb 21), Mosaikblau (Fb 65) und Billardgrün (Fb 70), je 100 g
- 1 Paar Stricknadeln Nr. 7 oder 8

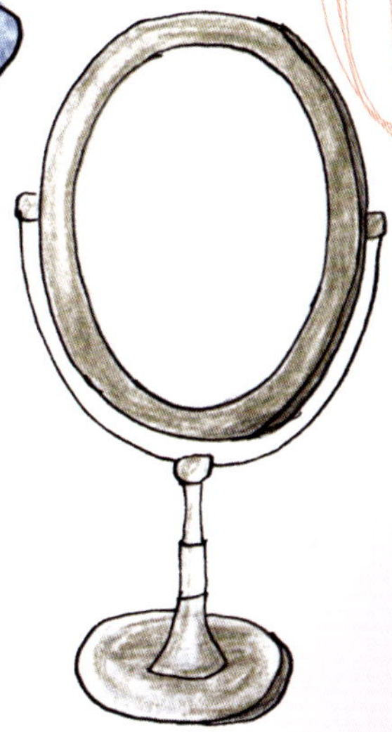

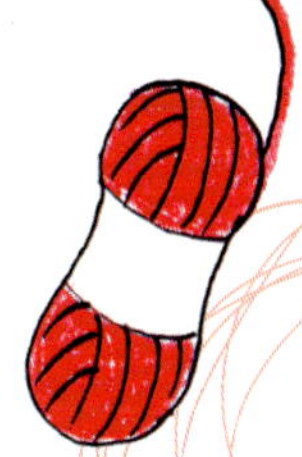

1 So, auf geht's: Du schlägst 45 Maschen an und strickst glatt rechts. Meine Streifenfolge geht so: 12 Reihen blau, 8 gelb, 4 violett, 2 grün, 8 orange, 4 blau, 6 gelb, 2 violett, 8 grün, 4 orange, 8 blau, 6 gelb, 2 grün.
Damit hast du 43 cm geschafft und kannst abketten. Und das Gleiche noch einmal.

2 Die Ärmel habe ich oben angefangen, und zwar mit orange, die anderen Farben kannst du dann selbst abgucken. Damit der Ärmel nach unten hin enger wird, musst du abnehmen. Du kannst das so machen wie beim Abketten (siehe Seite 20), also die 2. Masche über die 1. Masche ziehen. Abgenommen wird in jeder 6. Reihe. Das kannst du dir am besten so vorstellen: Denke dir die Reihen in 6er-Blocks. Im ersten Block passiert nichts. Bei dem folgenden 6er-Block kettest du in der 1. und in der 2. Reihe jeweils eine Masche ab. So machst du es bei jedem 6er-Block.
Am Ende die restlichen Maschen abketten.

3 Nähe zuerst die Schulternähte zusammen, dann die Seiten und die Ärmelnähte. Zum Schluss die Ärmel annähen. Denk dran, im Kapitel „Sonst noch was?" ist das auf Seite 62 näher erklärt.

Zwei lechts – zwei rinks

Du gehörst ja hoffentlich nicht zu den Leuten, die rechts und links verwechseln? Na, wie auch immer, da müssen wir jetzt durch!
Bisher hast du ja reihenweise entweder rechte oder linke Maschen gestrickt. Wenn man etwas herstellen möchte, das eng anliegt, wählt man gerne ein Muster, das sich gut zusammenzieht: zwei rechts – zwei links.
Für Pulloverbündchen ist es ebenso geeignet wie für Pulswärmer oder Stulpen. Außerdem sieht es von beiden Seiten gleich aus, das macht sich nicht schlecht bei Schals oder Rundschals.

Oh, ich weiß, was du jetzt denkst: Diese bunten Dinger sind ja sehr schön – aber da muss ich sooo viele Fäden vernähen. Stimmt's? Entspann dich, es ist viel einfacher, denn bei den Pulswärmern sind die Farbwechsel in der Wolle. Du brauchst nur ein einziges Knäuel!

Pulswärmer

Du brauchst

- Regia Design Line in Landscape Celebration (Fb 4355), 50 g
- 1 Paar Stricknadeln Nr. 2, 2 ½ oder 3

1 Du schlägst 48 Maschen an und strickst 20 cm hoch, das Muster ist wieder zwei rechts – zwei links.

2 Abketten, zusammennähen – fertig!

Stulpen

1 Hier werden 40 Maschen angeschlagen und wieder zwei rechts – zwei links gestrickt. Nach jeder 9. Reihe ist Farbwechsel, die Reihenfolge erkennst du auf dem Bild.

2 Diese Ringelstulpen liegen eng am Bein an, z. B. über einer Strumpfhose. Wenn du sie über einer Hose tragen möchtest, solltest du 8 Maschen mehr anschlagen. Die Wolle reicht dafür auf jeden Fall.

Du brauchst

- Schachenmayr Boston in Loden meliert (Fb 78), Jade meliert (Fb 71) und Kürbis (Fb 26), je 100 g
- 1 Paar Stricknadeln Nr. 7 oder 8

Rundschal

Wie, du weißt nicht, was ein Rundschal ist? Das ist so etwas wie ein Rollkragen – nur ohne Pullover. Er hält prima warm, passt gut unter die Winterjacke und baumelt nicht so im Weg herum wie ein normaler Schal.

Und dann gibt es noch den Doppelrundschal, der passt zweimal um den Hals oder um Hals und Kopf gleichzeitig, wie eine Kapuze. Tolle Erfindung!

Du brauchst für den einfachen Rundschal

- Schachenmayr Extra Merino Big in Beige meliert (Fb 103) und Kürbis (Fb 126), je 50 g
- 1 Paar Stricknadeln Nr. 5 oder 6

doppelten Rundschal

- Schachenmayr Extra Merino in Beige meliert (Fb 3), Cayenne (Fb 27), Mosaikblau (Fb 55) und Moos (Fb 72), je 50 g
- 1 Paar lange Stricknadeln Nr. 3 oder 4

Einfacher Rundschal

1 Du schlägst 80 Maschen an und strickst in Kürbis im ständigen Wechsel zwei Maschen rechts, zwei Maschen links. In der Rückreihe und in allen weiteren Reihen strickst du die Maschen so, wie sie erscheinen. Also wenn in der Vorreihe ein „V" zu sehen ist, strickst du eine rechte Masche. Siehst du eine Beule, ist eine linke Masche fällig. Auf diese Art entsteht ein Rippenmuster.
Nach jeweils zwei Reihen ist Farbwechsel angesagt.

2 Nach dem 12. Streifen in Kürbis kettest du schön locker ab und nähst die kurzen Seiten aneinander. Außerdem musst du noch die Fäden vernähen, aber das ist ja sowieso klar.

Doppelter Rundschal

1 Der doppelte Rundschal wird genauso gearbeitet wie der einfache. Du brauchst jetzt allerdings 240 Maschen, deshalb sind lange Nadeln nötig. Es gibt welche mit einem Kunststoffschwänzchen, die sind ganz praktisch dafür.
Auch hier wird alle zwei Reihen die Farbe gewechselt und zwar in der Folge Cayenne, Beige meliert, Mosaikblau und Moos.

2 Nachdem du diese Folge 6-mal gestrickt hast, kommt noch ein Streifen in Cayenne, dann abketten.

Jetzt wird's eng

Für den Rundschal, die Stulpen und die Pulswärmer hast du das Muster „zwei rechts – zwei links" gelernt. Auch für eine Mütze geht das ganz prima, weil sie dann gut sitzt – egal ob Dickkopf oder nicht. Sie passt sich einfach wunderbar an.

Was du jetzt neu lernst, ist **„Maschen zusammenstricken"**, denn oben soll die Mütze ja zu sein, damit's nicht reinschneit.

Maschen zusammenstricken

Zwei Maschen zusammenstricken ist gar kein Problem, Du strickst nicht, wie sonst, die erste Masche von der Nadel, sondern **die zweite und die erste zusammen**. Zwei auf einen Streich, sozusagen. Aufgepasst: Wenn es nach der Anleitung notwendig ist „rechts zusammenzustricken“, dann machst du das auf die Art, wie du eine ganz normale rechte Masche stricken würdest, nur eben mit beiden Maschen zusammen. Und – du ahnst es schon – bei links eben wie eine linke Masche.

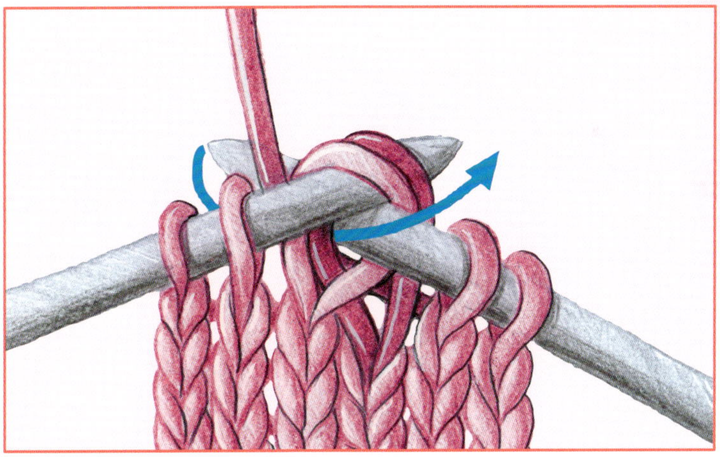

Wenn man das nicht beachtet, funktioniert es auch, sieht aber blöd aus.

Auf einem Nadelspiel stricken

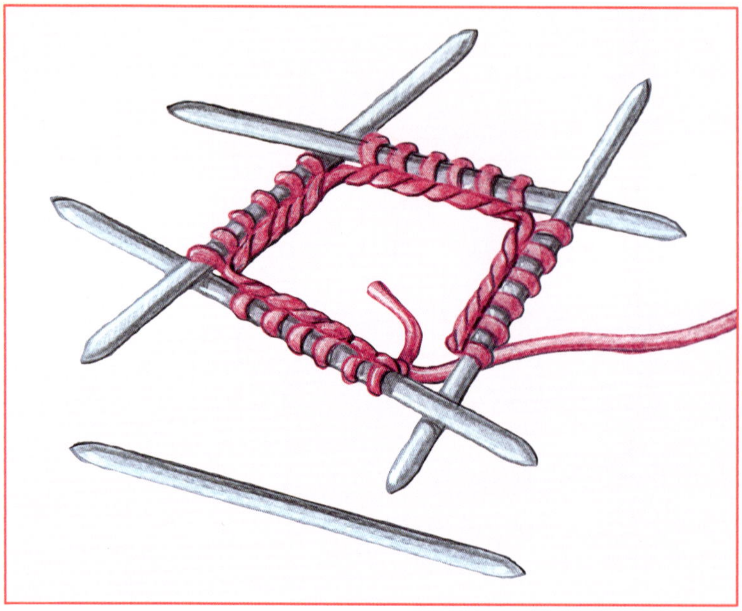

Und noch was Neues: Wir stricken jetzt auf einem Nadelspiel.
Da gibt es mal wieder verschiedene Wege, wie du anfangen kannst. Sei also nicht sauer, wenn es dir jemand anders erklären will als ich:

Erst einmal kommt wieder das Rechnen (wie bitte, höre ich da ein Stöhnen?). Du teilst die Maschenzahl, die du brauchst, durch 4, also in diesem Fall 88 : 4 = 22.
Du schlägst auf einer Nadel 22 Maschen an und zwar so wie immer, mit der zweiten Nadel zur Hilfe. Diese zweite Nadel nimmst du dann raus und schlägst auf der nächsten Nadel auch 22 Maschen an.

Das geht so weiter, bis alle 88 Maschen auf den 4 Nadeln verteilt sind.

Jetzt ist aber Schluss mit lustig. Lola tut ja so, als wäre das alles keine große Sache. Aber dabei musst du richtig aufpassen. Dein Kopf ist ja rund, also musst du um die Kurve stricken.

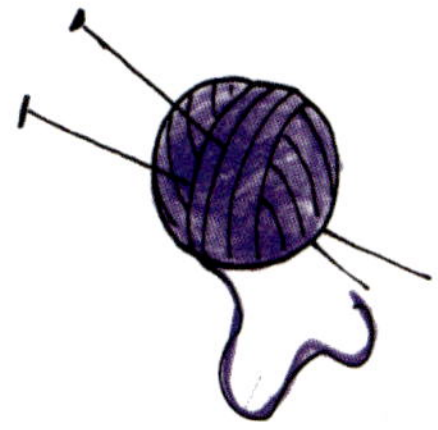

Stimmt. Dafür schließt du jetzt den Kreis, sodass die zuletzt gestrickte Masche zur allerersten kommt. Denn diese erste Masche wird jetzt gestrickt. Achtung, aufgepasst! Dabei darf kein Kuddelmuddel passieren, du darfst die Maschen nicht verdrehen. Sie müssen alle fein säuberlich in der gleichen Richtung liegen. Hol dir vorsichtshalber Hilfe, sonst ärgerst du dich grün und blau, wenn am Ende die Mütze aussieht wie ein Korkenzieher.
Du strickst übrigens gleich in der ersten Reihe schon im Muster „zwei rechts – zwei links".

Mütze mit Bommel

Oma Kruse hat natürlich recht wie immer, aufpassen musst du, klar. Aber dann kannst du stricken, was das Zeug hält!
Immer munter im Kreis herum, also nie eine Nadel wieder zurückstricken, wie man das normalerweise macht.

Du brauchst

- Schachenmayr Ecologico Natur-Kamel (Fb 86), 100 g
- Wollrest in Orange für die Bommel, 20 g
- 1 Nadelspiel Nr. 5

1 Du schlägst also 22 Maschen auf jeder Nadel an und strickst ab jetzt in Runden. Zum Zählen der Runden machst du dir am besten eine Strichliste und immer, wenn du am Anfang vorbeikommst, machst du einen Strich. Auf diese Art strickst du **42 Runden**.

2 Nun kommt das Abnehmen wie oben beschrieben, du erinnerst dich? **Zwei Maschen zusammenstricken**. In der **43. Runde** strickst du auf jeder Nadel die 1. und 2. Masche und die 3. und 4. Masche zusammen und zwar jeweils so, wie die Maschen erscheinen. Alle anderen Maschen werden gestrickt wie immer. In der nächsten, der **44. Runde**, wiederholst du das Abnehmen. Ob du jetzt rechts herum oder links herum zusammenstrickst, richtet sich danach, was auf der Nadel erscheinen soll. Du müsstest danach nämlich wieder „zwei rechts – zwei links“ auf den Nadeln haben.

3 Die nächsten zwei Reihen strickst du ganz normal. Dann kommt wieder das Zusammenstricken, genau wie beschrieben.

4 Anschließend wieder zwei Reihen normal, danach erneut zusammenstricken. Das machst du so lange, bis nur noch vier Maschen auf jeder Nadel sind. Davon strickst du immer zwei zusammen, sodass nur noch zwei Maschen übrig sind.

5 Und jetzt kommt der Schluss: Die zwei Maschen von der 1. Nadel strickst du zu einer zusammen. Die leere Nadel legst du weg und strickst die nächsten zwei Maschen von der 2., 3. und 4. Nadel auf dieselbe Nadel dazu, sodass du vier Maschen auf einer Nadel hast. Die allerletzte Masche (die mit dem Faden) bleibt, wo sie ist. Die nächste Masche auf der Nadel wird einfach über sie drübergezogen, dann die nächste und wieder die nächste. Nun ist nur noch die eine Masche übrig. Zieh sie zu einer großen Schlaufe, schneide den Faden ab und zieh den Faden lang. Fertig!

Zur Krönung des Ganzen stellst du noch eine Bommel her (siehe Seite 67 im Kapitel „Sonst noch was?“) und nähst sie an.

Echte Perlen

Außer dem Muster im vorigen Kapitel gibt es noch mindestens 7895 andere. Wirklich. Und da sind die noch nicht mitgerechnet, die in der Südsee gerade modern sind.

Glaubst du nicht?

Pah, jedenfalls kennt Oma Kruse eine Menge Muster. Auswendig!

Genau, und mit einem ganz einfachen Muster machen wir weiter. Es heißt: **Großes Perlmuster**. Alles, was du dafür brauchst, kannst du schon, nämlich rechte und linke Maschen.

Mütze und Schal

Du brauchst

- Schachenmayr Boston in Jade meliert (Fb 71), 350 g
- 1 Paar Stricknadeln Nr. 7 oder 8
- 1 dicke Häkelnadel
- 1 stumpfe Sticknadel
- 1 Knopf oder Holzperle

Grundmuster

1. Reihe: 1 Masche rechts, 1 Masche links im Wechsel

2. Reihe: Jede Masche so abstricken, wie sie erscheint, also die Vs rechts, die Beulen links

3. Reihe: 1 Masche links, eine Masche rechts im Wechsel. Also genau umgekehrt wie in der ersten Reihe

4. Reihe: Jede Masche so abstricken, wie sie erscheint

Als Randmasche den Knötchenrand (siehe Seite 61 im Kapitel „Sonst noch was?) stricken!

Mütze

1 Du schlägst 26 Maschen an und strickst fortlaufend Reihe 1 bis 4. Nach ca. 53 cm solltest du messen, ob der Streifen schon um deinen Kopf herum passt. Wenn das der Fall ist, kannst du abketten, sonst strick noch ein paar Reihen, bis es reicht.

2 Nähe die beiden kurzen Seiten aneinander, nun hast du einen Schlauch. Auf einer Seite ziehst du durch die Knötchen der Randmaschen mit einer stumpfen Sticknadel einen Faden derselben Wolle und ziehst damit den Rand ganz fest zusammen, sodass die Mütze oben zu ist.

3 Als Verzierung nähst du einen Knopf oder eine schöne Perle darauf, dann kannst du den Faden innen vernähen.

Den Mützenrand kannst du pfiffig hochklappen – oder bei schlechter Laune tief in die Stirn ziehen, sehr praktisch!

Schal

Hierfür schlägst du 24 Maschen an und strickst fleißig drauflos. Ich habe es auf 183 cm gebracht. Abketten und Fransen anhäkeln, auch das findest du im Kapitel „Sonst noch was?“, diesmal auf Seite 66.

Hingucker

Toller Poncho

Mit diesem Poncho kannst du dich auf dem Schulhof nicht verstecken, damit sieht dich jeder!
Ponchos kann man aus allen möglichen Wollsorten stricken. Dieser aus Alpaka ist besonders leicht und kuschelig.

Du brauchst

- Schachenmayr Alpaka in Gelb meliert (Fb 122) und Pfirsich (Fb 125), je 50 g
- Schachenmayr Alpaka in Kürbis (Fb 126), Petrol meliert (Fb 155) und Leinen meliert (Fb 105), je 100 g
- Schachenmayr Alpaka in Pfau (Fb 165), 150 g
- 1 Paar Stricknadeln Nr. 3 oder 4
- 1 Rundstricknadel Nr. 3 oder 4
- 1 dicke Häkelnadel

Größe 140 – 164

Grundmuster

1. Reihe: 5 Maschen rechts, 1 Masche links

2. Reihe: wie die Maschen erscheinen

Diese beiden Reihen immer fortlaufend stricken.

Ich habe eine schlechte und zwei gute Nachrichten für dich. Die schlechte ist, dass du ganz schön fleißig stricken musst, denn die Wolle ist recht dünn. Und nun die guten: Das Muster ist sehr einfach und durch die Streifen wird es nie langweilig beim Stricken.

1 Der Poncho besteht aus zwei gleich großen Rechtecken. Für jedes Rechteck schlägst du 100 Maschen an und strickst 72 cm im Grundmuster. Meine Farbfolge ist: Kürbis, Leinen, Pfau, Petrol, Gelb, Leinen, Pfau, Pfirsich.
Das Rechteck endet mit Petrol. Du kannst die Teile sehr vorsichtig von der Rückseite aus dämpfen, aber bloß nicht zu heiß!

2 Jetzt nähst du die Rechtecke wie auf der Zeichnung aneinander. Dann kommt der Kragen. Er ist aus der Farbe Pfau und 12 cm hoch. Wie du die Maschen aus dem Halsausschnitt herausstrickst und die Fransen anfertigst, steht im Kapitel „Sonst noch was?“ auf Seite 65 und 66.

3 Die Fransen bestehen aus drei Fäden von je 13 cm Länge. Du setzt sie am besten in jede Rille, die durch die linken Maschen entstanden ist und auf der Längsseite dorthin, wo jeweils der Farbwechsel ist.

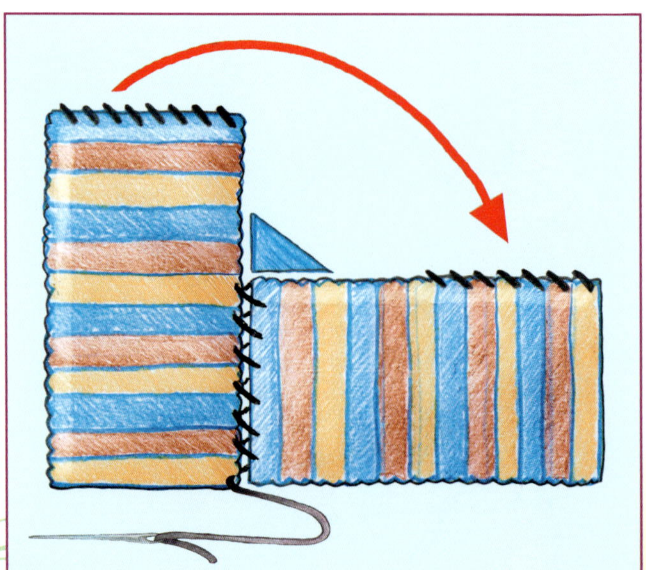

So ein Poncho ist eine feine Sache. Du hast auch lange was davon, weil du ja nicht schnell herauswächst. Die Idee mit den Rechtecken funktioniert in jeder beliebigen Größe. Man muss nur daran denken, dass in der Länge 20 bis 25 cm mehr nötig sind als in der Breite – und zwar für den Halsausschnitt. Das richtet sich natürlich nach der Kopfgröße.

Sonst noch was?

Ja, sonst noch eine ganze Menge! Du hast auf den letzten Seiten viel über das Stricken gelernt. Einige Arbeitsschritte hatten da keinen Platz, die werden hier erklärt. Außerdem gibt es noch ein paar Extra-Häppchen, zum Beispiel wie du Fransen oder Bommeln herstellen kannst.

Randmaschen

Du kennst das ja schon: Es gibt immer ganz verschiedene Möglichkeiten, wie man etwas macht. Bei den Randmaschen ist das auch so. Du lernst hier zwei Möglichkeiten, den Rand zu gestalten.

1. Kettenrand

Der sieht aus wie eine Kette, logisch. In jeder Reihe, die du strickst, piekst du in die erste Masche so hinein, als wolltest du sie links stricken. Das machst du aber nicht, sondern hebst sie nur ab, der Faden liegt vor der Arbeit. Dann ganz normal weiterstricken.
Die letzte Masche jeder Reihe strickst du immer rechts.

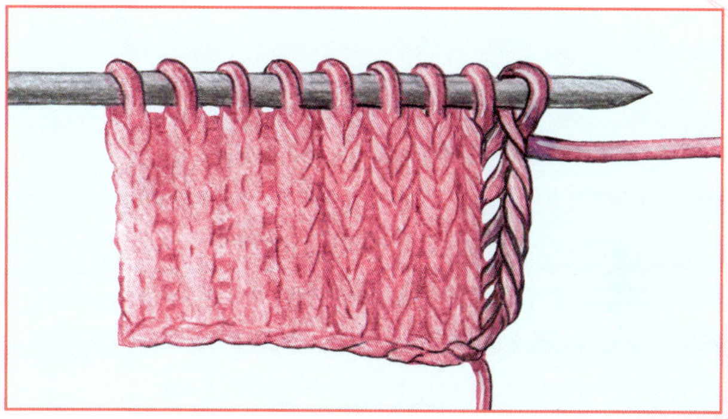

2. Knötchenrand

Dies ist ein ganz hübscher Abschluss. Er eignet sich beispielsweise für den Schal und die Mütze aus „Doppeltem Perlmuster“. Du strickst in jeder Reihe die erste und die letzte Masche rechts – das ist schon die ganze Kunst.

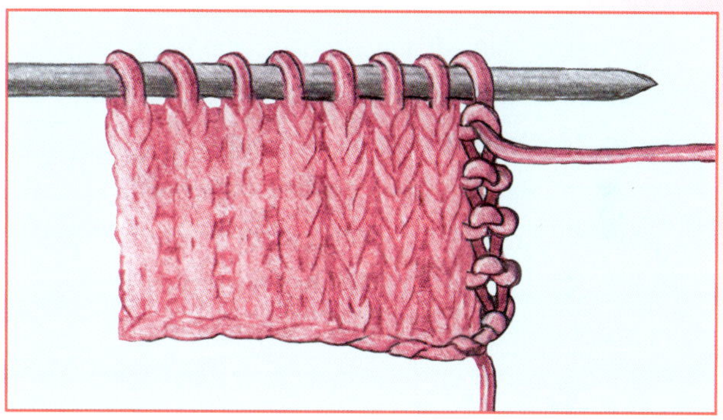

Teile zusammennähen

Nur wenige gestrickte Sachen bestehen aus einem einzigen Stück und müssen deshalb nicht zusammengenäht werden. Denk mal nach, hier im Buch war nur die Mütze nahtlos. Also sei schlau und guck dir das Zusammennähen in Ruhe an, dann kannst du es für den Rest deines Lebens.
Auch hier gibt es natürlich wieder mehrere Möglichkeiten, ich zeige dir drei davon.

1. Einfacher Schlingstich

Mit diesem Stich kannst du z. B. die Kuscheltiere gut zusammennähen. Du legst die Teile so aneinander, wie sie richtig zusammengehören, also die schöne Seite von beiden Stücken außen. Nun stichst du mit der Nadel immer gleichzeitig durch beide Randmaschen und ziehst vorsichtig fest.

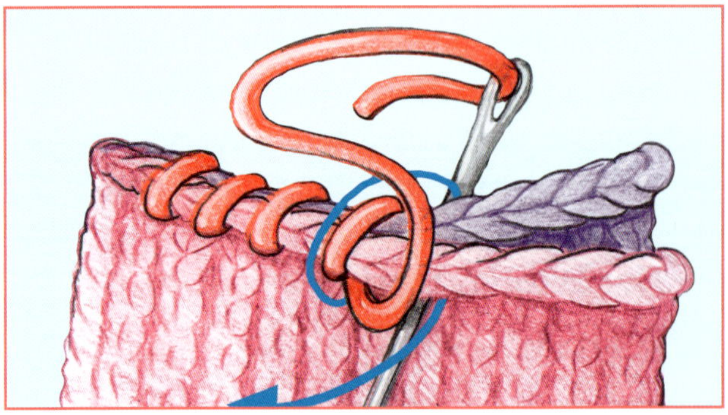

2. Matratzenstich

Du legst beide Teile mit der schönen Seite nach oben, genau so, wie sie zusammengehören. Auf dieser Vorderseite arbeitest du jetzt. Siehst du neben deinen Randmaschen die Querfäden zur nächsten Masche? Davon schnappst du dir zwei Stück mit der Nadel und ziehst den Faden durch. Beim anderen Teil gegenüber machst du dasselbe, und dann immer im Wechsel. Auch hier den Faden schön vorsichtig festziehen!
Bei den Schulternähten liegt der Fall etwas anders, denn da hast du keine Querfäden. Hier nimmst du einfach zwei Fäden unterhalb der abgeketteten Maschen.

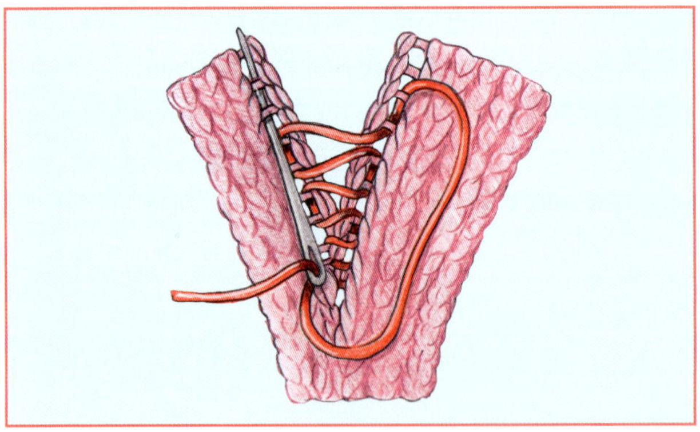

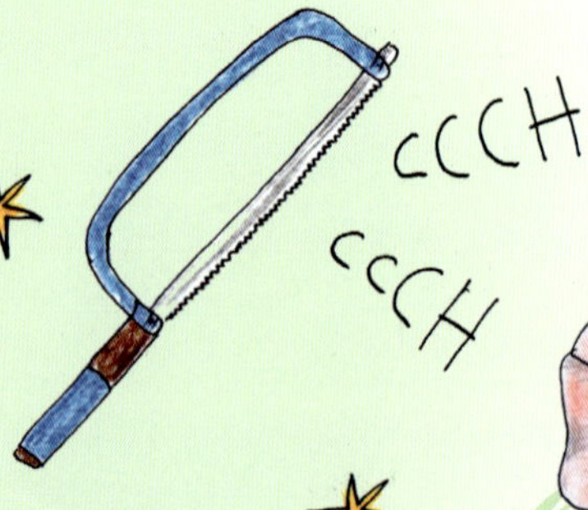

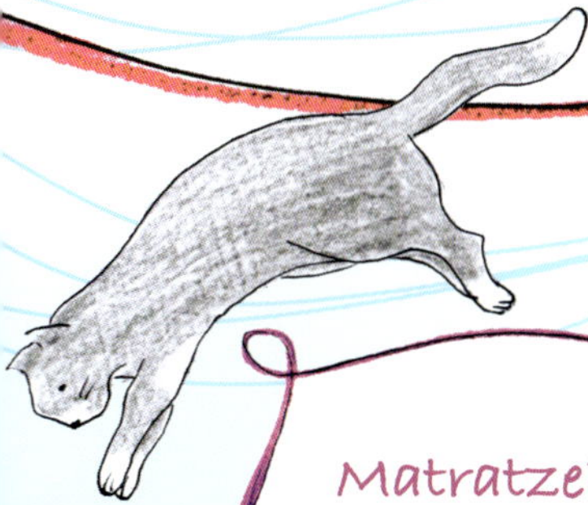

Matratze? Dieser Stich ist nichts für Schnarchnasen! Mit ihm kannst du sehr schöne und manchmal fast unsichtbare Nähte herstellen.

3. Steppstich

Manchmal ist auch der Steppstich ganz praktisch. Er erinnert mich immer an das Nähen mit der Nähmaschine, weil man hier die schönen Seiten erst einmal aufeinanderlegt, also auf der Rückseite arbeitet.
Du beginnst am rechten Ende, stichst von oben nach unten durch beide Randmaschen und eine Masche später stichst du durch die nächsten Maschen wieder rauf. Jetzt noch mal runter an derselben Stelle und dann erst zwei Maschen später wieder hinauf. Dann wieder eine Masche rechts davon runter, zwei Maschen später wieder rauf. Das geht munter so weiter, immer zwei Schritte vor, einen zurück.

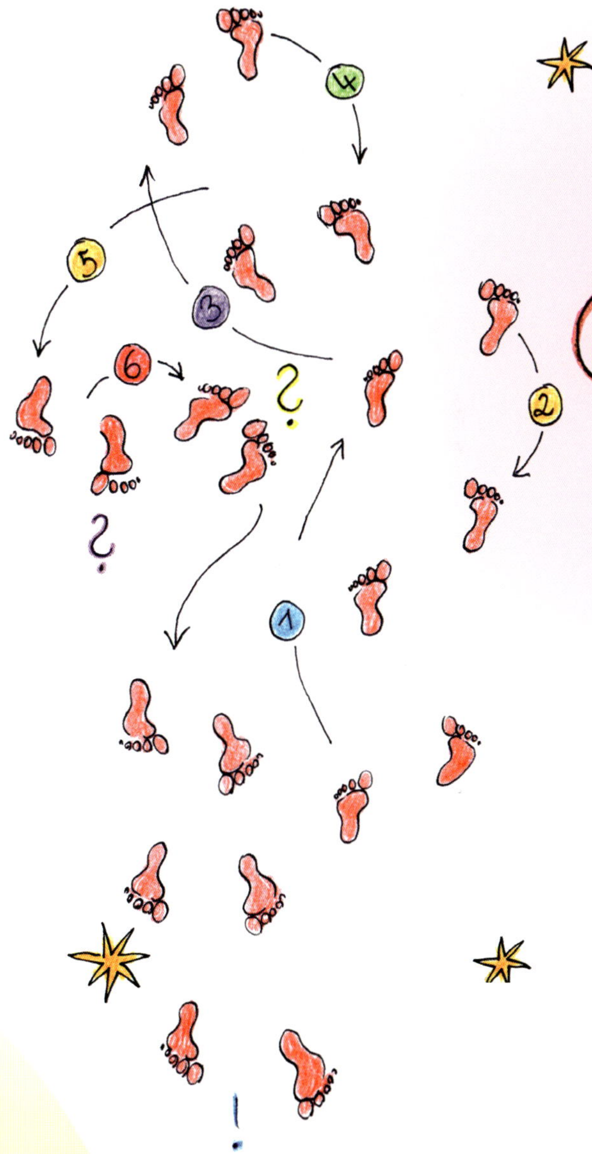

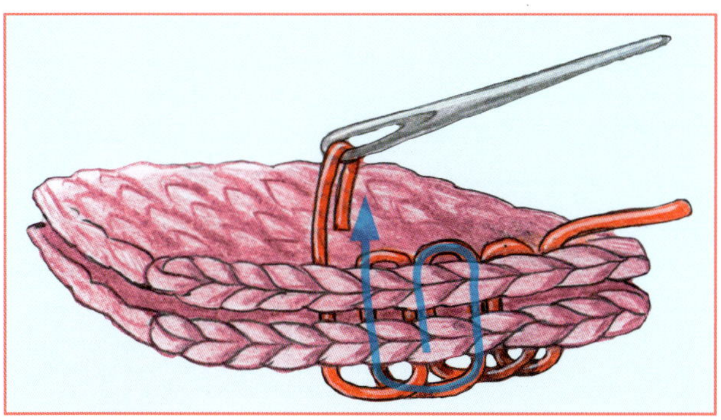

Zunehmen

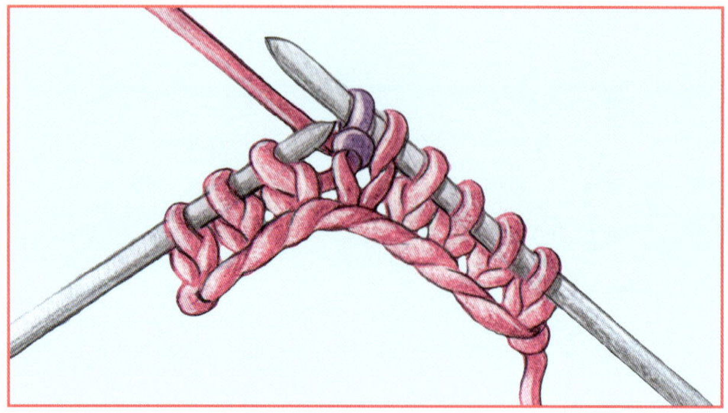

Wenn ein Strickteil breiter werden soll, muss man zusätzliche Maschen aufnehmen. Das ist z. B. bei einem Ärmel der Fall. Unten am Handgelenk braucht man viel weniger Maschen als oben an der Schulter. Woher nehmen – und nicht stehlen?

Verdoppeln – so einfach ist das! Du strickst eine Masche ganz normal rechts und lässt sie nicht von der Nadel flutschen, sondern legst den Faden vor die Arbeit. Dann strickst du dieselbe Masche noch mal links.

Aufschlingen

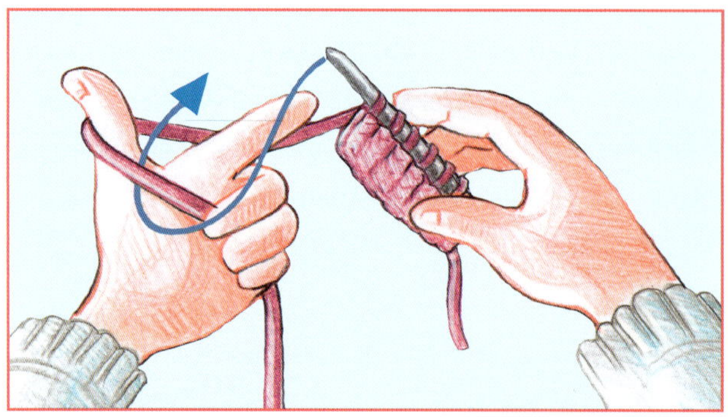

Manchmal braucht man plötzlich ganz viele neue Maschen. Wenn man beispielsweise für ein Knopfloch Maschen abgekettet hat, muss man an derselben Stelle in der nächsten Reihe wieder welche aufnehmen. Das nennt man dann auch „aufschlingen“, weil man nämlich ganz einfach den Faden um die Nadel schlingt: Du hältst den Faden wie auf dem Bild und stichst mit der Nadel von unten unter den Faden beim Daumen.

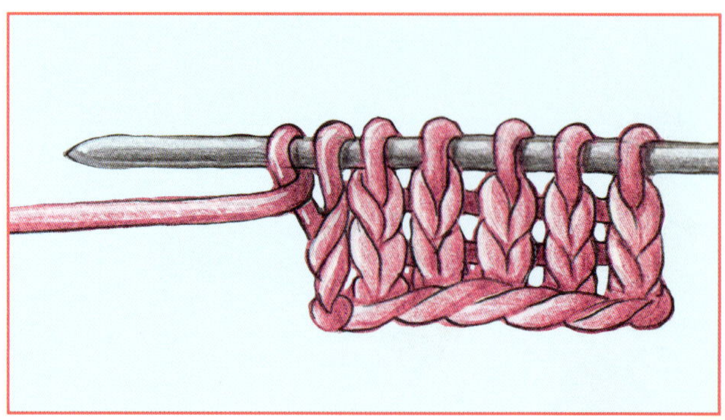

Dann ziehst du den Daumen heraus – und schon ist die Schlinge auf der Nadel. Besser nicht zu fest aufschlingen, sonst wird es schwierig, sie wieder abzustricken!

Maschen für den Kragen auffassen

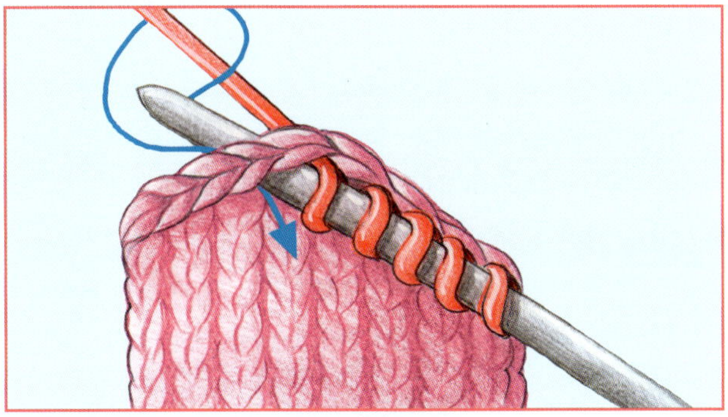

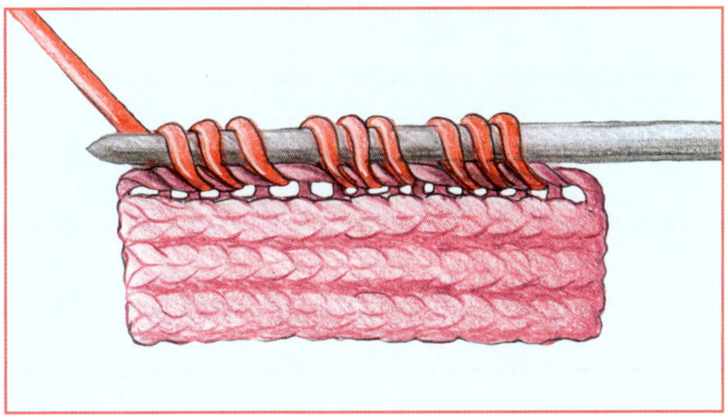

Für einen Kragen, wie z. B. beim Hingucker-Poncho, musst du Maschen aus den fertigen Teilen herausstricken, das nennt man „auffassen“.

1 Aus einem abgeketteten Rand ist das ganz einfach. Du stichst in die Mitte der abgeketteten Masche, holst dir den Faden und ziehst ihn durch. Auf diese Art fasst du alle Maschen auf.

2 Aus einem seitlichen Rand kannst du das genauso machen. Hier solltest du allerdings nicht jede Masche nehmen, sondern jede 4. Masche überspringen. Warum? Weil 3 Maschen ungefähr so breit sind, wie 4 Reihen hoch sind. Wer hätte das gedacht …

Mit einer geraden Nadel kannst du einen Kragen nicht gut stricken, du brauchst dafür ein Nadelspiel oder eine kurze Rundstricknadel. Wenn du die Nadeln aufgefasst hast, strickst du nicht hin und her, sondern immer in der Runde. Na, das sagt ja schon der Name.

Fransen

Unsere Fransen sind vorzüglich für Schals oder Decken oder Kissen geeignet.

1 Zuerst schneidest du die Fransen zurecht. Sie müssen doppelt so lang sein, wie sie am Ende erscheinen sollen. Du kannst ein Brettchen oder eine Pappe nehmen, den Faden immer wieder herumwickeln und die Fäden anschließend aufschneiden.

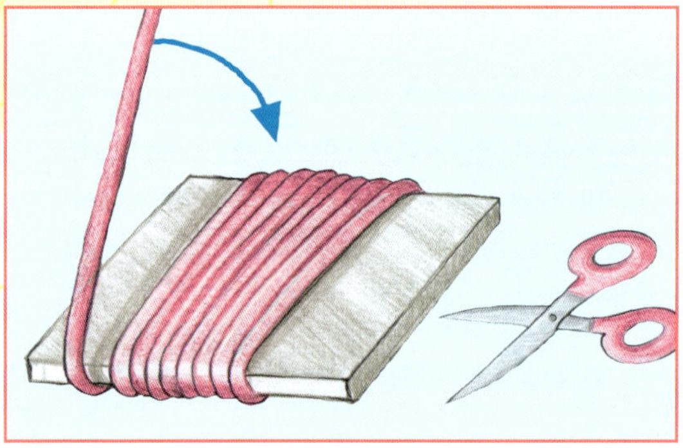

2 Dann nimmst du jeweils zwei oder drei Fäden für ein Fransenbüschel. Mit einer Häkelnadel stichst du durch den Rand, wo die Fransen hängen sollen, fasst die Fäden in ihrer Mitte und ziehst sie zur Hälfte durch.

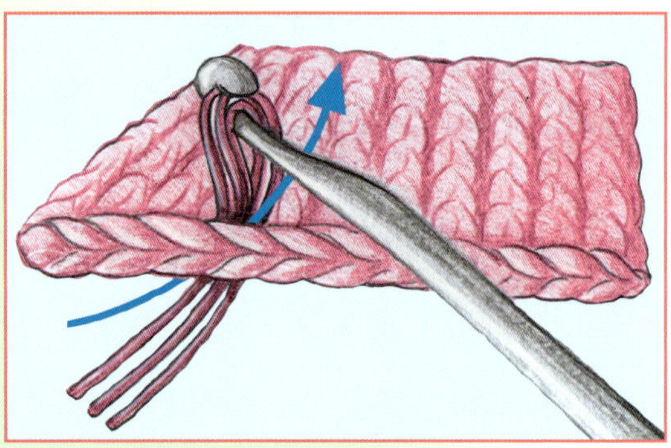

3 Durch die entstandene Schlaufe ziehst du die Fransenenden durch. Vorsichtig festziehen – und fertig!

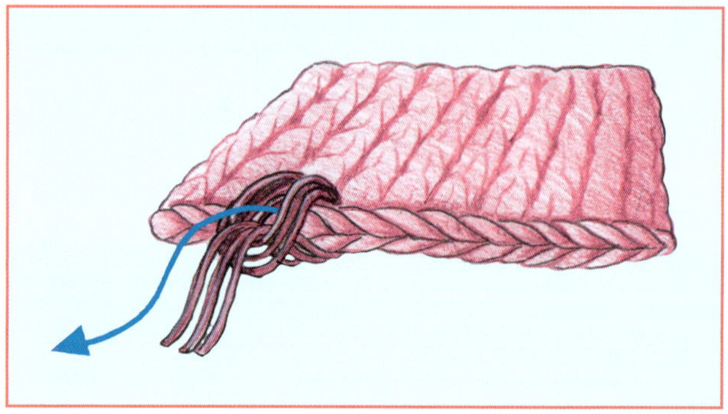

Bommeln

Also Bommeln kann man auch Pompons nennen, das ist vornehmer. Aber weil auf meiner Mütze die Bommel so schön herumbommelt, heißt sie eben Bommel.

1 Du schneidest aus Karton zwei gleich große Kreise mit einem Loch genau in der Mitte. Dafür nimmst du am besten ein kleines Glas und eine Münze als Schablone.

2 Die beiden Scheiben legst du aufeinander. Nun nimmst du eine stumpfe Nadel mit einem langen Wollfaden und wickelst den Faden um die Pappe herum.

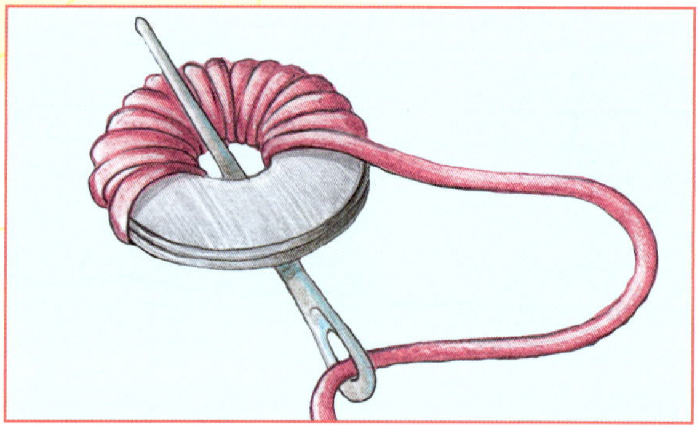

3 Wenn das Loch in der Mitte fast geschlossen ist, schneidest du ganz vorsichtig mit einer Schere die Fäden auf. Arbeite dich dabei in kleinen Schritten am Kartonrand entlang. Pass auf, dass du alle Fäden erwischst.

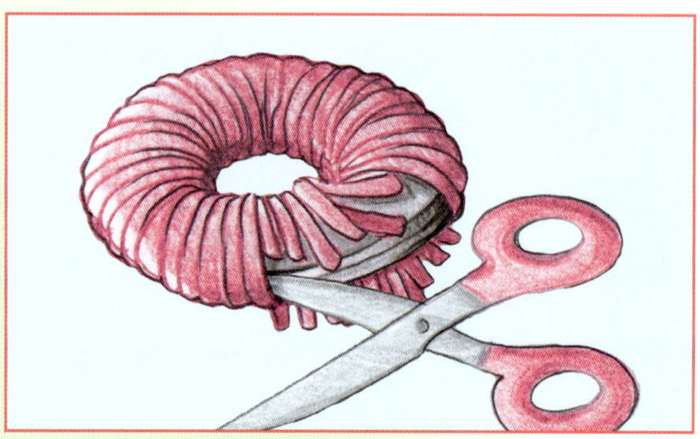

4 Zwischen den beiden Kartonscheiben ziehst du jetzt einen Wollfaden hindurch und wickelst ihn ein paar Mal ganz fest um die Mitte der Bommel. Dann verknotest du den Faden und benutzt ihn später zum Annähen der Bommel.

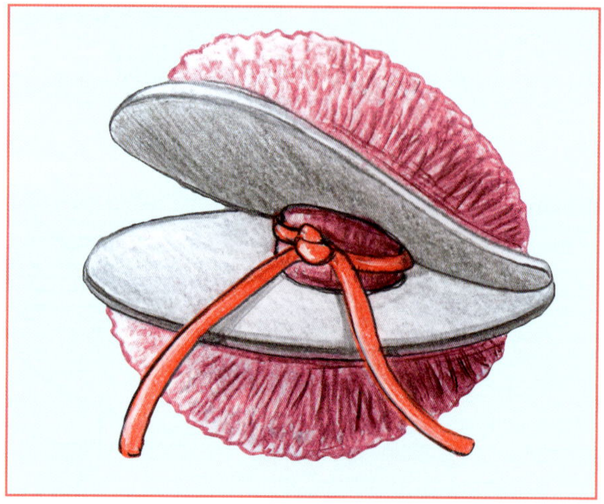

5 Wenn alles gut fest ist, kannst du die Kartonscheiben entfernen. Stehen ein paar Fäden noch vorwitzig heraus? Die kannst du abschneiden, sodass die Bommel schön rund wird. Nähe die Bommel gut an der Mütze fest.

Größen verändern

Die Kleidungsstücke in diesem Buch sind alle passend für Größe 140 bis 152. Poncho, Mütze, Stulpen usw. sind auch für Größere tragbar.

Den Pulli und das Top kannst du bei Bedarf selbst vergrößern. Nimm einfach ein paar Maschen mehr auf und stricke ein paar zusätzliche Reihen.

Wenn du eine Weste oder einen Pulli selbst entwerfen willst, strickst du zuerst aus der gewählten Wolle ein Probestück in dem von dir gewünschten Muster.

Ein Beispiel: Du schlägst 20 Maschen an und strickst im Perlmuster 20 Reihen hoch. Nehmen wir an, dein Pulli soll 40 cm breit werden. Du misst nach, wie oft dein Probeläppchen auf 40 cm draufgelegt werden kann. Nehmen wir an, das sind 3,5-mal. Nun kannst du ausrechnen, dass du 3,5 x 20 Maschen brauchst, also 70 Maschen. Genauso kannst du herausfinden, wie viele Reihen du benötigen wirst.

Reste vom Feste

Weißt du noch, am Anfang des Buches habe ich gesagt, dass du aus Wollresten prima Sachen stricken kannst. Dabei bleibe ich. Es ist nicht immer nötig, neue Wolle zu kaufen und manche Dinge sehen aus Resten sowieso viel peppiger aus.
Achte darauf, dass die Wolldicke bei allen Resten einigermaßen gleich ist. Das kannst du natürlich auch ausgleichen, indem du bei dünnem Garn den Faden doppelt nimmst.

Also, als ich ein ganz junges Ding war, da haben wir alte Wollsachen aufgeribbelt, die Wolle geglättet und dann wieder verstrickt. Geht auch und ist sehr preiswert. Heutzutage nennt man sowas Rizeiklink – oder so.

Ach, Oma Kruse, du meinst Recycling. Na ja, probieren kann man das ja mal. Unsere Werke hier sind allerdings ganz einfach aus Resten.

Lustige Mütze

Diese Mütze ist aus dickeren Wollresten und aus doppelt genommenen dünneren Fäden.

Du brauchst

- Wollreste, ca. 100 g
- 1 Paar Stricknadeln Nr. 5 oder 6

1 Du schlägst 28 Maschen an und strickst jeweils Hin- und Rückreihe in einer Farbe. Dann den Faden abschneiden und in der nächsten Farbe weiterstricken.

Achte darauf, dass du den Faden am Anfang und am Ende ca. 10 cm lang heraushängen lässt, so entstehen die Fransen. Jedes Mal, wenn du eine neue Farbe nimmst, verknotest du den Anfangsfaden mit dem Ende der vorigen Farbe, dadurch hält der Rand besser.

2 Du strickst so lange, bis der Streifen um deinen Kopf herumpasst, nicht zu groß und nicht zu klein. Dann abketten und zu einem Schlauch zusammennähen.

3 Den übrig gebliebenen Faden ziehst du mit einer Nadel durch die Randmaschen, wo die Fäden heraushängen. Auf diese Art kannst du dann die Mütze oben zusammenziehen. Zum Schluss den Faden vernähen und die übrigen Fäden auf eine Länge zurechtschnippeln – fertig ist eine lustige Bommelmütze!

Gestreifte Kissen

Dir hier eine Anleitung zu geben, kommt mir ein bisschen albern vor, denn diese Kissen sind gerade deshalb spannend, weil man einfach draufllosstrickt. Dabei kannst du, wie bei der Mütze, verschiedene Wollarten nehmen. Wenn sie nicht dieselbe Stärke haben, nimmst du dünne Fäden wieder doppelt. Weil ich so unfassbar viele Wollreste habe, konnte ich meine Kissen jeweils in ähnlichen Farben stricken. Sieht doch klasse aus, oder? Es macht sich übrigens besonders gut, wenn du glatte Reihen und krause Reihen mixt. Und noch ein Tipp: Ich habe das fertige Rechteck einfach auf ein fertiges Kissen draufgenäht.

Au Backe, das ging schief!

Wie im richtigen Leben geht auch beim Stricken nicht immer alles glatt. Manchmal kann man einen Fehler rückgängig machen, manchmal hilft nur: gut vertuschen!

Heruntergefallene Maschen retten

Ganz oben auf der Pannen-Hitliste steht die heruntergefallene Masche. Das sieht erst einmal schrecklich aus, absoluter Weltuntergang! Hilfe!

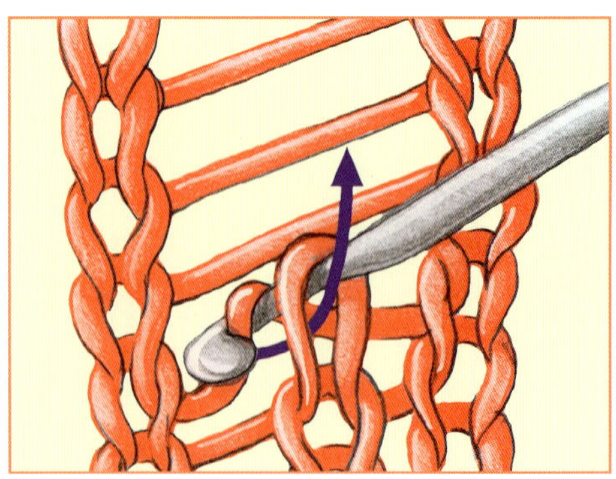

Ach was, es ist gar nicht so schlimm. Hol dir eine Häkelnadel und schnapp dir damit die Masche, die sich davongemacht hat. Wenn sie schon einige Reihen abgestürzt ist, liegen über ihr einige Querfäden, für jede Reihe ein Querfaden. Du ziehst jetzt sorgfältig den untersten Querfaden durch die gerettete Masche, dann den nächsten usw.

Pass dabei auf, ob du eine rechte oder linke Masche brauchst! Entsprechend musst du den Faden von vorne oder von hinten durchziehen, damit ein V oder eine Beule entsteht. Probiere es am besten mal auf einem Übeläppchen, dann bist du sicher, dass dich solch ein Unfall nicht umhauen kann.

Zu viele oder zu wenige Maschen

Manchmal strickt man so vor sich hin und plötzlich wird das Stück breiter. Oder schmaler. Komisch, ganz ohne Maschen aufzunehmen. Tja, da hast du unbemerkt irgendwo Maschen zusammengestrickt, eine Masche zweimal gestrickt oder sonst wie deine Zauberhände Wunder vollbringen lassen. Dadurch wird der Rand schräg.

Da hilft nur die **Vertuschungs-Methode**.
Du kannst den Rand mit einer oder zwei Reihen umhäkeln oder ein paar Fransen anhäkeln, dann fällt es nicht so auf.

Pannen aller Art

Und dann gibt es da noch die kleinen Irrtümer, Schlampereien, Kuddelmuddel und Pannen, die man am liebsten rausschneiden möchte: Maschen, die nicht in das Maschenbild gehören (wie z. B. rechts und links verwechselt) sind da genauso ärgerlich wie zu locker gestrickte Maschen, die so komische Löcher ergeben. Lass dir etwas einfallen, schau nach, was du an Knöpfen, Perlen, Buttons usw. hast und nähe oder stecke es auf die unschöne Stelle. **Mache aus dem Unfall einen Einfall!**

Du kannst auch aus derselben oder einer anderen Wolle einen Flicken stricken und ihn aufnähen. Das sieht aus, als wäre es Absicht – so wie manche Leute Jeans mit Löchern tragen (und die sind auch noch teurer als die ohne Löcher …)

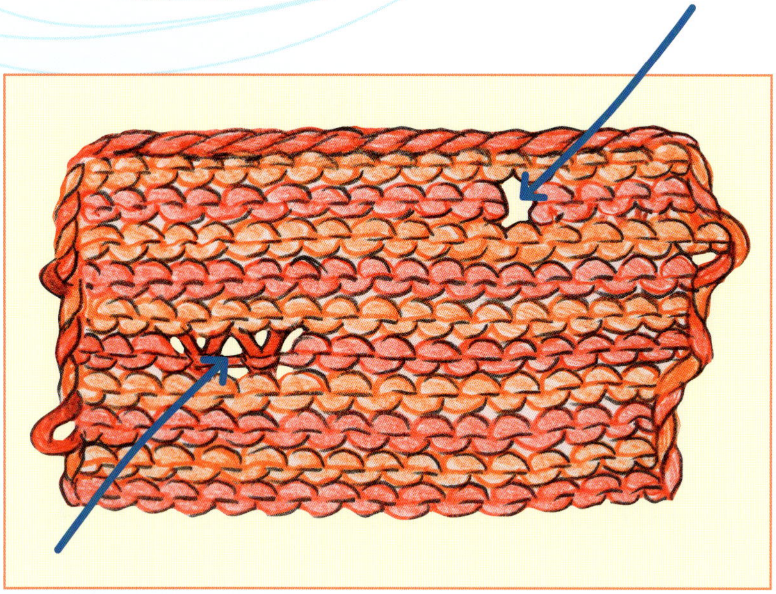

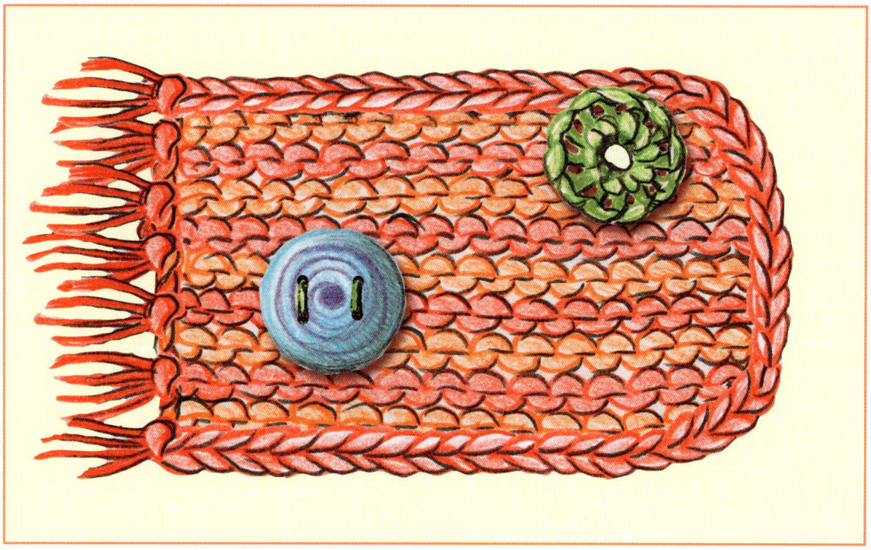

Alles hat ein Ende ...

... nur der Faden, der hat zwei! Hihi, diesen Spruch wollte ich doch noch loswerden, bevor sich unsere Wege trennen.

Du hast allerhand gelernt und bist jetzt Strickerin. Klingt das nicht gut? Mit den verschiedenen Maschenarten kannst du eigene Stricksachen erfinden. Sogar eigene Muster kannst du dir ausdenken, indem du linke und rechte Maschen unterschiedlich kombinierst. Oder du strickst Löcher hinein oder Fransen oder Perlen – lass dir etwas einfallen!

Mal sehen, eines Tages gehörst du vielleicht zu den lustigen Leuten, die über Nacht Parkuhren, Telefonzellen, Verkehrsschilder und Parkbänke einstricken. Doch, doch, die gibt es wirklich!

Du kannst ja mal mit den Beinen von eurem Esszimmertisch, dem Treppengeländer oder dem neuen Flachbildschirm anfangen.

Dann bleibt mir jetzt nur noch

Tschüss und **Servus** und **Tschöö** und **Tschau** und **Lebewohl** und vielleicht auch **Auf Wiedersehen!**

Deine Lola

Autorinnen

Renate Piehorsch (rechts im Bild) arbeitet hauptberuflich als Sporttherapeutin und Qigong-Lehrerin. Das Stricken und der Verkauf von Wolle und Selbstgestricktem als Nebenberuf führt sie auf Kunsthandwerker- und Weihnachtsmärkte. Dort traf sie eines Tages auf **Alexandra Mahr** (links im Bild), die dort ihre Schokoladen-Kunstwerke verkaufte. Sie ist von Beruf Malerin, Schokoladen-Minimanufaktur-Betreiberin, Marktfrau, Gemüsestaplerin und vieles mehr.

Die „Chemie" zwischen beiden stimmte, ein gemeinsames Projekt lag in der Luft – und einige Wochen später war „Lola" geschaffen. Glücklicherweise können die beiden Autorinnen auf einen Beraterstamm zu Hause zurückgreifen. Die eigenen Kinder waren nicht nur in „Stilfragen" hilfreich, sondern lieferten auch Vorlagen für Lolas Wortschatz.

Impressum

KONZEPT UND PROJEKTLEITUNG: Eva Hentschel
PROJEKTMANAGEMENT UND REDAKTION: FahnenBerg GmbH
GESTALTUNG UMSCHLAG UND LAYOUT INHALT: Heike Köhl
ZEICHNUNGEN: Alexandra Mahr
ILLUSTRATIONEN: Ursula Schwab, Handewitt
FOTOS: frechverlag GmbH, 70499 Stuttgart; lichtpunkt, Michael Ruder, Stuttgart
DRUCK UND BINDUNG: Himmer AG, Augsburg

KREATIV-HOTLINE

Hilfestellung zu allen Fragen, die Materialien und Bastelbücher betreffen: Frau Erika Noll berät Sie. Rufen Sie an oder schreiben Sie eine E-Mail!

Telefon: 0 50 52 / 91 18 58*

E-Mail: mail@kreativ-service.info

*normale Telefongebühren

Auflage: 5. 4. 3. 2. 1.
Jahr: 2014 2013 2012 2011 2010 [Letzte Zahlen maßgebend]
ISBN 978-3-7724-6721-9
PRINTED IN GERMANY
Best.-Nr. 6721